文字に聞く

南 鶴溪

草思社文庫

文字に聞く　目次

第一章　歩く文字、走る文字

第二章　鷲づかみにされた心

第三章　漢字でない漢字

文字に聞く

第一章

歩く文字、走る文字

丸は四角、四角は丸？

まるも立派な漢字だといったら驚くだろうか。いや「丸」ではなく、マルバツのマル、「〇」である。嘘ではない。漢和辞典を調べていただきたい。何画を見ればいいのか？　一画ではない。それでは無限画？　そんな画数は探しても見つかるまい。

索引から三画の部首を探してほしい。最初に口《くち》、次に囗（国《くに》がまえ）……四角はあるが丸は見つからない。それでいいのだ、口や国がまえの四角が丸なのである。数学者には納得いただけないと思うが、漢字では丸（〇）が四角（囗）になっているのである。

口は開いた口の形を写したもの。埴輪のポコンと開けた口を思い出していただければいい。一方、国がまえの四角は振り回したひもの先端が描く円形である。ともに、もともとは○と表現したが、硬い亀の甲羅や金属の銅器にきれいな○を彫り込むのは大変難しい。そこで書きやすく収まりのいい四角で代用したものと思われる。そんな馬鹿なとおっしゃる方にわかりやすい例を挙げれば、お日様、太陽がそうである。誰が見てもまるだから、初めはまるにチョンを書いて「⊙」と表記していた。しかし、曲線より直線の方が書きやすかったのだろう、ご存じの「日」に変わっている。

国がまえには、三種類の意味がある。一つは「圓《えん》（円）」で、いま説明したように○の意味。もう一つは「圍（囲）」で、四方を取り囲むという意味。さらに範囲が広がった「國《こく》（国）」は、文字どおり一国四方の境域の意味である。いずれも、まるによって一定の地域、範囲、境界線を表している。国は一国の領土の範囲だし、園も圏も、畑の意味の圃《ほ》も牢屋の圄《ご》も、囲いや境界線を示しているのである。

ちなみに国の字は、今では中に玉が入っているが、正字の「國」は境界線の中を戈《ほこ》を持って守る形である。時代により地域により、国にはさまざまな考えがあったようで、国という漢字の移り変わりを見るだけで、大げさにいえば国家観の変遷をうかがうことができる。王様や皇帝を据えて「囯」「[illegible]」としたり、民衆を主人にしたのか、逆に民を囲い込むつもりでか「囻」としたり、唐の国号を周と改めた則天武后は版図を八方に広げようと「圀」という字を作り出している。

さて、〇に話を戻そう。まるを意味する漢字には三種類ある。一つは先ほど紹介した「圓（円）」。国がまえの中に、やはりまるの口と貝からできており、まるいお金、つまりは平面上のまるの意味になる。日本のお金の単位が両・匁・文から円・銭に変わったのは明治四（一八七二）年のことで、丸くて平らな新しい貨幣の単位にはぴったりだった。

もう一つは「丸」。こちらは崖を表す厂（がんだれ）に人を組み合わせた仄《そく》を左右逆にひっくり返した形で、人が崖から転がり落ちるときに背中を丸める姿を表しているという。円が平面なのに対し、こちらは中の詰まった球体のまるを表す。日本の国旗を日の円といわず日の丸というのは、球形の太陽を象徴しているからである。

最後のまるは「団」。これも正字は「團」で、まるを示す国がまえの中にさらに丸めるという意味の専《せん》で、丸めたもの、固まりを表す。団子の団といえばわかりやすいだろう。

○が□になってしまったため、書でまるを書くこともほとんどないが、書いてみると実に難しいことがよくわかる。筆をまっすぐに立てて、筆先を紙にちょっと突っ込むように置き、左に回していくのだが、左へ、上へ、右へ、下へと筆先の方向が常に変化する転折《てんせつ》（方向転換）の繰り返しになる。

何百本もの毛を束ねた筆の構造から、一定方向に直線を引くのは楽だが、縦から横に撥《は》ねたり引いたりするのは練習が必要で、筆先を力で押し込んだり、無理に引き起こしてしまっては正しく転折することはできない。毛筆の持つ弾力で自然に立ち上がってくるのを待ちながら、筆を進めなければならないのである。

楕円や渦巻きなら、一息で書くこともできるが、均質な線の太さを持った正円は一筆一筆、正しく転折させて初めて書くことができる。それだけに、円を描くひらかなの「の」や「あ」なども、書く人の力量が試される文字なのである。

「の」や「あ」とともに最も難しいまるを書くのは、よくしたもので書の先生の仕事になっている。生徒の作品を添削する際に朱筆でまるを書かなければならないからである。書道では「一」のような横の線を横棒、縦の線を縦棒という、書道修業の基本を「横棒三年、縦棒十年、点は一生」という。書道の先生になるには、その上にきちんとしたまるが書けなければならない。これだけは四角で代用というわけにはいかないのである。

枩

長嶋さん、長島さん、長嶌さん

島さん、島田さん、小島さん、君島さん……知り合いで、名前に「島」の字がつく人がおありだろう。その人の名前は本当に「島」だろうか。ミスター・ジャイアンツは長嶋さん（読売ジャイアンツ終身名誉監督）だし、中には嶌さんと書く人もいる。常用漢字では島に統一されているが、同じ島でもいろいろな書き方がある。

島という字は山に鳥を組み合わせた文字である。子供のころ読んだ漂流記などで、海の上に鳥が群れ飛んでいるのを発見して、「あの下に島がある」と大喜びする場面を覚えていないだろうか。鳥が群れ飛ぶ山から「島」という字はできた。したがって、初めは「㠀」という字だったが、いつの間にか嶌のように山が鳥の上に乗ったり、鳥が山に寄り添って嶋になったり、いろいろな書き方が行われ、簡略化されて島になった。

このように漢字の中には、音《おん》も意味も同じなのに形の違う異体字がある。音も意味も同じなら、どちらを使ってもよさそうなものだが、常用漢字に合わせて、新聞などでは一律に「島」に統一しているケースが多い。しかし人名や地名などの場合は、意味は同じだからといわれても、形が違えば、間違いだ、私ではない、と納得しない人も少なくあるまい。

島だけでなく、「高田」さんや「高山」さんのように、「高」にも、亠（なべぶた・けいさんかんむり）の下に口をかく「クチダカ」と、梯子《はしご》状になる「ハシゴダカ」がある。「高」は上の階に梯子のようなものが架かった二階家を表した象形文字で、元の形は髙だった。ところが今では高が常用漢字で、髙の方は俗字とされている。

わずかな違いで、あまり意識する人はないかもしれないが、「吉田」さんには吉の字の上が「士」の吉田さんと、「土」の吉田さんがいる。吉は本来、士と口の合字で士は君子、口は言葉を表し、君子の言葉はすべて善良だから、凶に対して善事を表すのだという。こちらは常用漢字も吉を採用しており、吉の方を俗字としている。しかし士は「十」と「一」の合字であり、十を推して一を窮める人、または一を聞いて十を知る人の意であるとすれば、士の下の横棒は短くなくてはならないというものではない。土と区別するために短くしただけで、本来は同じ長さが理に合っていると思う。

「ふじこ」さんにも、「富士子」さんと、上のチョンがとれた「冨士子」さんがいる。「富」は家の中にたくさんの財物が満ちていることを表す文字で、家を表すウかんむりが正しい。

もう一つ名前でどちらだったか、よく悩むのが「斎藤」さんと「斉藤」さん。これは異体字ではなく元々別の字で、「斉」は「齊」の省略形。穀物の穂がひとしく出そろった様子を示した象形文字で、そろう、ととのうという意味である。一方の「斎」の正しい形は「齋」で、こちらは神を祭る意味の示と、齊とを組み合わせ、神を祭るために心身を清め整える、つまり物忌みすることである。一斉の斉と、斎戒沐浴の斎と覚えておけば、わかりやすいだろうか。

斎と斉は別にしても、「髙」や「𠮷」、「冨」は常用漢字と違う俗字だから、国語の試験などで書けばバツを付けられてしまうかもしれない。しかし、異体字、俗字だから間違いとは決していえない。まして、自分の名前となれば、俗字だの間違っているなどといわれても、認めるわけにはいくまい。

今ではほとんど使われなくなったが、「群」には「羣」という書き方があるし、「松」は「枩」とも書くし、上下を逆にした「枀」もあった。「和」は元々は「咊」で、のちに口《くち》へんに禾と書く「咊」となり、声を合わせて応じるという意味だった。

漢字は象形文字や指示文字から始まり、必要に応じて、それらの文字を組み合わせたり、符号を付け足して増えてきた。島は山に鳥という組み合わせの発想で作り上げた漢字だが、地域により時代により組み合わせ方はさまざまだった。そのどれも間違いではない。同じ一つのものを指すのに、いくつもの漢字があっては不便だし、けしからんと感じる国やお役人が一字種一字体に制限し、異体字を追放してきただけのことである。多くの文字が、そうして人々の目の前から消えていったが、嶌や富などは、たまたま固有名詞に使われることが多かったために、異体字として生き残った数少ない例なのである。

漢字を習いたての小学生が、松という字を木と公の組み合わせという記憶だけで「枩」と書けば、先生はバツを付けるだろう。しかし、漢字は現在考えられている以上に自由に作られ、使われてきたものである。公は嫌いだから木へんに私と書きたいといわれても困るが、木と公の組み合わせという、漢字の特性である表意文字の原則を壊さない限り認めてもいいのではないか。「枩という書き方もあるけれど、今では松と書かないと他の人に読んでもらえないよ」。大切な文字を教えるのに、そのくらいの丁寧さはあって当然だと思うのだけれど。

月

文字になった月の光

月々に月見る月は多けれど月見る月はこの月の月

「花鳥風月」「雪月花」と古来、美しいもの、愛でるべきものの代表に数えられてきた月。日本人ほど月を愛してきた民族も少ない。その月の中でもとりわけ賞すべきは、この月の月、すなわち陰暦八月十五日の満月、いわゆる中秋の名月だと詠《うた》ったのが、この月だらけの歌である。

月という字は、形から想像がつくように象形文字で、三日月を写し取って作られた。満月こそ最高という感覚からいえば、全円の「⊡」で表した太陽と同様、月も全円の象形文字にしたいところだが、いつでも丸く輝いているお日様と違い、古代の中国人は満ち欠けを繰り返す月の特徴に着目したのだろう。日本人も満月ばかりを愛でたわけではなく、十五夜のあとも十六夜《いざよい》、立ち待ち月（十七夜）、居待ち月（十八夜）、寝待ち月（十九夜）と、徐々に出が遅くなり、欠けていく月を楽しんでいる。

「月」を部首とする漢字は実に多い。「朔」は月が元へ帰るから月立ちで、ついたち、「朗」は良い月であきらか、ほがらか、さらに「望」「期」「朧」などは皆、月に関係した文字である。

「間」という字も月の仲間だったといっても、今では信じてもらえない。間は俗字で、本来は「閒」と書いた。百鬼園こと、作家の内田百閒さんの「閒」。門の間から月の光が見える様子を表して、門の隙間、つまり間（ま、あいだ）を意味したのだが、家の中が明るくなりすぎて、月の光では隙間を感じられなくなったためか、いつの間にか日の光に取って代わられた。

もうひとつ、「明」も月の光の明るさを、そのまま文字にしている。よく「明」は日と月の光を合わせて明るさを表したともいわれるが、古くは「朙」の字を用いており、窓から射し込む月明かりのことであった。中国の古い家屋は窓が小さく、家の中が暗い。それだけに窓から射し込む月の光は、とてつもなく明るく感じられたのだろう。

これらの漢字が作られたころは、満足な照明もなく、夜ともなれば外は真っ暗、家の中も明かりをともしてもほのかに明るいという程度だった。だからこそ門の隙間や、窓から入ってくる月の明かりに敏感に反応したのだろう。現代の都会暮らしでは絶対に思いつかない文字である。

ところで、月を使った文字の中に、月とは何の関係もないものがある。「胸」「肩」「腹」「背」「腰」「腕」「脚」「肌」、さらに臓器で「脳」「肺」「胃」「腸」「肝」「腎」「膵」……よく知った字ばかりなのも当然で、こちらの月は月光値千金の月ではなく肉づき、つまり肉体に関係のある部首なのである。肉づきもまた象形文字で、筋肉の筋が走っている様子をかたどったものだという。そんなものまで象形文字にしたのかと驚くかもしれないが、筋肉どころか心臓の「心」も象形文字。ドキドキと脈打つ心臓を見て文字を作ったわけで、古代に生きた人たちの解剖学的な知識は相当なものだったようだ。

同じ月でも、月《つき》へんと肉づきがあり、意味も違うのだが、困ったことにさらにもう一つ、別の月がある。「服」や「勝」に使われている月で、これまた象形文字である。この月の古い形は「」。ちょっと想像がつかないだろうが、舟を写した文字で、舟づきという。服は「𦨶」と書き、舟中で人が事をとるという意味、転じて仕事に従う意味になった。現在でも服役、服務等として使われている。「勝」も同様、元は「𦩍」で舟づきなのである。

「月見る月」も多いが、似て非なる月の多いこともおわかりいただけたと思う。今では皆同じ「月」になってしまったから、区別がつけにくいが、70年前までは、この月は肉づきのことだった。というのも、もともと漢字では三種の月をきちんと書き分けていたのである。お月様の月は「月」と、中の横棒二本の右端が離れており、肉づきの「月」は現在と同じく横棒が両側に付いていた。舟づきはというと、「月」のように横棒を斜めにして、三者三様、一目瞭然だった。形は似ていても、それぞれ異なった来歴を持つのが漢字である。当用漢字で

「月」に統一されてしまったが、省略が行きすぎると、漢字が本来持っている表意文字としての特性が失われてしまう。意味を持つ漢字の生命を尊重し、少なくとも書ではきちんと書き分けていかなければならないと思う。

歩く文字、走る文字

年を取ると足腰が弱るというが、人間にとって足がどれほど大事なものか。飛行機、船、電車、乗用車やエレベーター、エスカレーターなどを足代わりに利用している現代人は気づく機会も少ないが、足以外に移動の手段を持たなかった古代の人間が、足に強い関心を抱いていたことは漢字にも表れている。「足」という字は口と⻊からなるが、⻊は「止」が変化した形。止はもと「[illegible]」。足跡を写した象形文字で、これだけで足（膝から下の部分）を意味していた。

足を意味する「止」がどれほど大事にされ、いろいろな文字に使われているかは、師走の巷を歩いてみればすぐにわかる。まず師走の「走」に止の変化した⻊が使われている。走るという字の元の形は「赱」で、字の上の部分は人が両手を前後に振って走っている形であり、足を使って走ることを意味している。「歩く」も上に止が乗っているが、そもそもの形は「」で、右足と左足の足跡を並べた形。つまり下の少の字も本来は止なのである。

師走といえば歳暮。現代の日本では歳暮も中元も、それぞれの時期の贈り物を意味する言葉になってしまっているが、本来は歳の暮れであり、歳暮シーズンという表現はちょっとおかしい。それはさておき、一年を表す「歳」の字にもよく見ると歩が含まれている。歳は二つに分けると「步」と「戌」になる。步は日月の歩み、戌は生贄《いけにえ》をまさかりで割いた形で収穫の祭を意味し、つまり収穫期から次の収穫期までの一年を表している。

歳暮の東京・渋谷、それもハチ公前のスクランブル交差点ともなれば、渋滞の見本のようだ。渋谷の渋という字は実は交差点の渋滞ぶりから生まれたのである。

というのは冗談だが、「渋」の元の形は「歰」で、止、つまり足が四つ向かい合っている。向こうに行こうという人、こちらに来ようという人が、互いに前に進めず行き悩んでいる形であり、そこにさんずい（水）を加えて、水が流れない、つまり渋るという意味になった。渋谷の地名の由来は知らないが、文字から見れば水の流れにくい狭い谷間だったのではないだろうか。

　ハチ公前で、もう一つ思い出した。「前」の字にも止が含まれている。前の正字は「歬」で止（足）と舟。舟が進むことから前の意味に使われたのである。

　このほかにも広場や交差点にはたくさんの足跡「止」が見て取れる。ただし、そのためには止の変化した形を知っておく必要がある。「𤴓」という形があることは既に述べたが、もう一つ、「辵」の形になっているのである。チャクと読み、道を行くという意味なのだが、こんな形は見たことがない？

　このままの形では記憶がないのも無理はない。チャクはさらに形を変え、現在では「⻍」や「⻌」の形になっている。そう、しんにょう、またはしんにゅうという部首である。これならハチ公前で見つけることができるだろう。道があり、近く遠くに進む人、退く人、送る人、迎える人があり、遊ぶ人もいれば迷う人もあり、時には逃げる人を追う巡査も見られる。

しんにょうは、⻊（足《あし》へん）とともに「止」が最も多くの足跡を残している部首だろう。中国から渡ってきた漢字だけでは足りず、日本人はしんにょうを使って多くの日本製の漢字、国字を作り上げている。例えば入るという字を組み合わせて、ものが入り込む、つまり「込む」、十を使って十字路を意味する「辻」。一だったら、どうなるか。これは数字の一ではなく平らなことを表現させており、「辷《すべ》る」と読ませる。こうなると中国人にはとても理解されない漢字ということになるだろう。

しんにょうを使った国字には、判じ物のような文字も交じっている。試しになんと読むか考えていただきたい。第一問は「迚」。道の中、途中という意味合いだが、さて、どう読ませるか。難しい、とてもわからない？　正解です。答えは「とても」。道の途中で考えあぐね、何とも出来かねるということから、とてもの意味に使った。ちょっと以前の小説などには使われていたが、今ではほとんど使われなくなった国字である。

第二問は「遖」。これも思い切った発想の転換をしないと読みこなせない。

道の南ではなく、南へ行くと考えていただきたい。渋谷の南ではなく、もっと南、九州、沖縄、あるいは国境を越えて赤道直下の南国へ。南に行くにしたがって空が明るく見えてくる。天が明るい、天が晴れているから「天晴れ」「あっぱれ」というわけ。

車を使う知恵がついて以来、人間の足は弱くなる一方だが、文字の世界ではまだまだ足(止)のお世話になっていることを忘れてはいけない。

兆

占いが文字を生んだ

相も変わらぬ占いブームである。動物占いに星占い、血液型占い、タロット占い、風水から麻雀占い、シャボン玉占い等々、眉に唾を付けたくなるものまで含めて、手を替え品を替え変遷する占いの種類は枚挙にいとまがない。

そんな中で現在まで広く支持されているのは姓名判断だろう。政治家から芸能人、スポーツ選手まで姓名判断で通称を変え、心機一転を図る人は少なくないし、子供が生まれれば将来が健康で幸せになるようにと、命名に腐心しない親はあるまい。姓名判断は中国の陰陽五行説や易学の考えを取り入れたものだが、根底にあるのは文字の持つ呪力に対する一種の信仰であり、現代人も意識しないまま文字の力に縛られているといえる。

というより、文字と占いとは切っても切れない関係にある。

中国最古の文字は甲骨文字だが、亀の甲や獣の骨、主に牛の肩胛骨《けんこうこつ》に刻まれた文字、すなわち亀甲獣骨文字を省略した呼び方である。亀の甲や牛の肩胛骨になぜ文字を彫ったかといえば、占いのためであった。

今から三千年以上昔の殷《いん》の時代、他国と戦争をするべきかどうか、作物の出来はどうか、病気が蔓延するかどうかなど、国や国王の安否に関わることを亀甲獣骨を用いて占った。亀の甲羅や牛の肩胛骨の内側に窪みを付けて、そこに焼けた木などを押しつける。すると熱で甲羅の表面がひび割れを起こし、ひびの形によって占い師たちが判断したのである。

彼らはひびの入った亀甲獣骨に、何を占ったか、あるいは占いを国王がどう判断し、実際にはどういう結果になったかを文字で彫り込み、記録として残していた。その後土中に埋められたのか、殷の滅亡とともに人々の記憶からも消え失せてしまった。後年、偶然に亀甲獣骨を掘り起こした人たちがあり、意味のわからぬまま竜骨と称して売りさばき、古代の占いの記録は漢方薬として珍重された。十九世紀末になって、甲羅や骨の表面の傷と思われていたものが文字であることが、清朝の金石学者によって解明され、最古の文字、甲骨文字が再発見されたのである。

　最古の漢字は占いの記録だったわけだが、その中には甲骨占いそのものから生まれた文字も含まれていた。占いを指す「卜《ぼく》」という字や、物事の起こる前触れを意味する「兆《きざし》」の字は、占いの際に亀の甲羅や獣骨に現れたひび割れの形を、そのまま写し取ったのである。

　漢字と占いの古くからの縁が、やがて陰陽五行説などと結びついて姓名判断に発展したと考えられる。姓名判断では、姓の画数を天運、名の画数を地運、姓の下の文字と名の上の文字の画数の合計を人運、姓の上の文字と名の下の文字の画数合計を外運、姓名全体の画数の総計を総運――というように、それぞれの画数や全体の調和を調べて判断する。文字の画数が基本になるのだが、流派によって画数の数え方は微妙に異なるようである。

　例えば草《くさ》かんむりは現在使われている常用漢字では「艹」と書き三画だが、

楷書《かいしょ》では「艹」で四画になる。さらに遡れば「艸」と書いたのだから六画と計算することもできる。

漢字本来の姿である正字、つまり意味を持つ漢字と、簡略化された常用漢字で画数が変わってしまったせいである。無原則に簡略化された常用漢字は正字に対する嘘字と考える立場からは、嘘字で姓名判断をしてもいいのだろうかと気になる。さらに例を挙げれば姓にも名にも使われる「秋」の字は九画だが、これの正字は「龝」で、へんとつくりの書き方により二十三画から二十七画までである。昭和、令和と元号にも使われる「和」という字は、本来は「咊」と書いた。この場合はどちらも八画で問題はないが、もっと古くは「龢」と書き、これだと二十二画になってしまう。

そんな難しい漢字を名前に付けても自分でも書けやしない、常用漢字で書いて、その画数で判断すればいいのだという人もあるだろう。しかし、正字の方が必ずしも画数が多いとは限らないのである。名前でこだわる人が多い「龍」の字が、その一例。こちらが正字で「竜」は俗字と思っている人が多いが、実は簡単な竜の方が古い形なのである。また「万」は「萬」の略字として使われているが、元は別の文字であり、万の方は浮き草の象形、萬はさそりまたは蜂の象形文字だった。

画数で判断するのもいいが、書を学ぶ者としては、漢字の本来持つ意味や音を考えて名前を付けては、と思うのである。

奻

男が作った漢字

漢字が中国で生まれた文字であることはご承知の通りだが、もう一つ案外気づいていない事実がある。男性が漢字を作ったということである。

最初に文字を統一したのは秦《しん》の始皇帝で、医薬、卜筮《ぼくぜい》、農業など以外の書を焼かせ、数百人の儒者を穴埋めにした焚書坑儒《ふんしょこうじゅ》は、文字統一の手段だったともいわれる。以後、漢字は歴代王朝が管理、統制してきた。皇帝や高級官僚はほとんどが男性だから、漢字は男たちが作り上げてきたということになる。

唯一の例外といっていいのが、唐の高宗の皇后で、七世紀末から八世紀初めにかけ国号を周と改めて皇帝になった則天武后である。彼女の在位期間はわずか十五年だが、それ以前から病気の皇帝に代わって実権を握っていた。権力誇示のため自分好みに変えるのが大好きだったようで、頻繁に年号を変え、主要官庁や官職の名称も変えてしまったという。

即位後国名まで周と改めたが、彼女の死後は再び唐に戻された。則天武后の改革はほとんどが歴史に埋もれてしまったが、中で現在まで残っているのが、彼女が制定した則天文字である。六九〇年ごろに作られたといわれ、天、地、日、月など十七文字ほどを新しい漢字に置き換えた。死後もしばらくは使われ、やがて忘れられていったが、ただ一文字、今でもよく知られているのが黄門さま、水戸光圀の「圀《くに》」の字である。

中国では女帝は彼女だけであり、則天文字は特殊な例外。男性中心社会で、その男性が作った文字だけに、漢字には男尊女卑の傾向が見られる。女という字からしてそうだ。甲骨文字では「」で、膝を屈して手を組んだ姿を写し取っている。漢和辞典で「女」の部首を見ると、三百字以上が載っているが、当時の男性が女性をどう見ていたかが想像されて面白い。

女を二つ並べた「奻《だん》」は女同士が争うという意味であり、三つの「姦」は盗む、道にそむく、よこしま、みだら（和義ではかしましい）。「妄」はみだり、「妨」「嫎」はさまたげる、「妬」「⿰女奥」はねたむ、「婪」はむさぼる、「嬾」はおこたる、「嬯」はおろか。性質や姿形まで品評した漢字もあり、「妔」は性質の激しい女、「婨」が性質の悪い女、さらに「嫪」はしみったれ、ものおしみ。「[illegible]」となると短い顔で、「嬻」なら色黒女、「⿰女乳」が太った女……ここまでくると、よけいなお世話という声が聞こえてきそうだ。

もちろん、「娙」「嫣」（すらりとした）、「⿰女属」（慎み深い）など女性の美しさや淑《しと》やかさを表現した漢字もあり、男性陣がいかに女性に関心を持ち、一挙手一投足をこと細かく観察していたかに驚く。後宮三千人とうたわれ、さまざまなタイプの大勢の女性と関わっていた皇帝らの女性に対する興味が、これらの漢字を生み出したと考えても、そう間違ってはいないのではなかろうか。

最近では、男女共同参画の高まりに連れて、男尊女卑の漢字に対する嫌悪感が広がっている。「婦人」という言葉も好ましくないと、官庁の部署名も婦人対策室から女性対策室へというように変えられてきた。「婦」は女へんに「帚」、甲骨文字では「」の形で、ほうきである。掃除をする女の人の意味になる「婦人」はけしからんということなのだろう。

同じ理由で「主婦」も嫌われるようだ。主婦というと、主立った女、女の代表のように理解している人もあるが、そうではない。主は文字通り、あるじ、一家の主人であり、主婦は主とともにあり、主に仕える女のことである。しかし主婦は主人に仕えて掃除をするだけの女性ではない。中国最古の字書『説文《せつもん》解字《かいじ》』によれば、「婦」は霊廟の清掃、管理にあたる女性を指し、先祖の霊を守る最も信用のおける大事な役割だった。

専業主婦といえば、かつては三食昼寝付きと揶揄もされたが、主婦の本来は一家の大黒柱でもあり、愛する夫を支える重要な立場のはずである。言葉の正しい意味における主婦の復権こそ望まれるのではないか。

昔の夢は怖かった

がんで手術をした知人から聞いた話だが、手術前と手術後で見る夢が変わってしまったという。それまで何度か見た同じ夢を全く見なくなり、逆に今まで見なかったような夢を見るというのである。特に恐ろしい夢を見るようになったというわけではないらしいのだが、精神的なショックが夢にも影響したのだろうか。

睡眠と夢の関係が科学的に研究され始めたのは、せいぜいここ百年たらずのことである。研究によると、寝ていても眼球が激しく動くレム睡眠時の夢は非現実的な夢想型の夢が多く、はっきり夢とわかるが、ノンレム睡眠では最近の悩みなど新しい記憶が再生され、夢なのか目をつむって考えていたことなのかはっきりしないという。

レム睡眠は一夜に五回は起こるので、誰でも五回以上の夢は見ているのだそうだが、夢を見てから五分以内に起きると夢の内容を覚えているが、十分後では夢を見た記憶を失っている。私たちはいい夢を見ては幸せな気分になり、悪夢にうなされて落ち込んだりするが、何のことはない、もう少し寝ていれば何の記憶も残らずに普通に目覚めているわけだ。

そんなこととは知らない古代の人たちは、夢と現実の区別をせずに夢のお告げを信じていたし、思いが強ければ相手の夢の中に現れることができると考えていた。

吾《わ》が背子《せこ》がかく恋ふれこそぬばたまの
夢《いめ》に見えつつ寝《い》ねらえずけれ

旅に去《い》にし君しも継ぎて夢に見ゆ
吾《あ》が片恋の繁ければかも

万葉集の二首だが、ともに相手を思う気持ちの強さゆえに、夢に出てきたり夢の続きを見ると信じている。時代が下がって古今集になると、一応夢と現実の区別はつけているようだが、夢に対する期待は残っている。

思ひつつ寝《ぬ》ればや人の見えつらむ
夢と知りせば覚《さ》めざらましを
小野小町

むばたまの闇《やみ》のうつつは定《さだ》かなる
夢に幾《いく》らもまさらざりけり
読人しらず

古今集でも夢をうたった和歌の多くが巻第十一から巻第十五の恋歌の部に属

している。彼らにとって、夢は恋する気持ちを通わせる有効な手段だったのだろう。しかし、古今、万葉よりさらに昔、夢という文字ができたばかりのころの人たちは、どうやら夢は恐ろしいものと考えていたらしい。「夢」という文字が、そのことを伝えている。

甲骨文字の夢という字を見ると「」になっている。左に九十度倒して見てもらうとわかりやすいのだが、左（九十度倒せば下）にあるのは脚のあるベッドであり、これは後に「爿」（しょうへん）という部首になっている。そこに宇宙人のような人が横たわり、足の上あたりに何か怪しげなものがいるのがわかるだろう。

古代の人はベッドに横たわって寝ていると、何やら奇妙な獣や悪霊が覆い被さってくるのを夢という字に表現したのである。戸締まり厳重な現在の建物とは違い、夜間、急に動物に襲われることもあったろう。夜は必ずしも安眠の時間ではなく、恐怖に怯えながら過ごしていたのではあるまいか。夢は悪夢であり、夢の中に現れるのは夢魔だったというわけである。夢の字の下にある「夕」

は後に付け加えられた。この字はもとは月と同じで、月の輝く夜を意味していたらしいが、やがて横棒を一本外して、月が輝き出す前の夕方を表すようになった。

夕方のことを「黄昏時《たそがれどき》」ともいうが、暗くなって相手の顔がよく見えず「誰《た》そ、彼は」と聞いたことから、たそがれというようになった。逆に朝まだきの暗い時分は「彼は誰」で、かわたれどきという。戸外に灯りがなかった時代には夕方に相手の顔を確認するのは至難だったようで、名前の「名」という字を夕に口と書くのは、夕方の暗がりでそれぞれが自分の名を名乗って相手に知らせたからだという。

暗がりを探すのが困難なほど夜も煌々と灯りのともる現在の都会では想像もつかないが、かつては屋外や廊下の先にあった手洗いなどは真っ暗で、子供が夜一人で行くのを怖がっていた時代があった。暗がりは恐怖の対象であり、ましてやその中で目をつむって見る夢は恐ろしいものであったのだろう。

古代のセンス、双子文字

漢字がものの形をかたどった象形文字や、抽象的な概念を記号化した指事文字から始まったことは、よく知られている。日や月、象や鹿などは象形文字であり、数字の一、二や上、下、本、末などが指事文字である。

象形、指事の二種類では複雑な現象を表すことはできないから、さらに会意、形声、転注《てんちゅう》、仮借《かしゃ》とさまざまな方法で新しい漢字を増やして使ってきた。会意は「人」と「言」を合わせて「信」とするように、漢字を結合して新しい意味を与える方法であり、形声はさんずい（水の意味）に可（カという音）を合わせて河、つまり意味を表す文字と音を示す文字を使って書き表す方法である。転注、仮借は文字の使用法であり、音楽の楽《がく》を快楽の楽《らく》として使うようなのが転注、本来は食物を盛る器の意味であった豆《とう》の字を借りて、食べる豆《まめ》の意味にするのが仮借である。象形、指事から転注、仮借まで六つの方法を漢字の六《りく》書《しょ》と呼ぶ。

現在私たちが使っている漢字は、六書によって作られたり書き表されているのだが、それにしても、よくも思いついたものだと感心するような漢字がいくつもある。人の字は「」と書き、人間の姿を横から見た象形文字だが、その「人」に「＼」を付けて作ったのが「久」。人を後ろから引き留めることを表した指事文字で、そこから止まる、待つ、さらに久しいの意味が生まれてきた。また介入の「介」は分かつ意味の八と人との合字で、人が八の間に立つことで仲立ち、助けるなどの意味になった。介護の「介」がわかりやすい例だ。

現在の字形から想像のつきにくいのが「北」である。甲骨文字や篆書《てんしょ》の北を見ると「」となっている。二人の人が背中合わせになった会意文字なのである。つまり、背《そむ》くという意味であり、陽気が満ち草木の繁茂する意味の南に背く位置、北を示すようになったというのだから、驚かされる。

左向きの人と右向きの人を合わせた文字が北というわけだが、漢字の中には一つの文字を左右反転させて、向きを逆にしただけで新しい文字にしたものがある。新しい文字を作るのが面倒だったわけではないだろうが、いわば鏡文字というか、あるいは双子文字というべき反転文字である。古い篆書体《てんしょたい》で見ると、左右対称の文字であることがわかるのだが、字形の長い変遷の中で少しずつ形が変わって、現在ではちょっと見では双子とは思えなくなっている。

それでも比較的わかりやすいのが「片」と「爿《しょう》」だろうか。それぞれの文字は「爿片」という字の右半分と左半分なのである。木を割った形から「切れっ端」の意味というが、片の方は単独の文字としても、版、牌などの文字の「へん」としてもなじみがある。一方、爿の方も「しょうへん」という部首で、現在では「丬」の形に略され、将、荘、状、装などに使われているが、片の片割れとは誰も気づいてくれない。

正義の「正」にも反転文字があるといっても、どの字か、にわかに想像はつかないだろう。かわいそうに貧乏の「乏」なのである。乏の正字は「𤴓」であった。これが乏に変化することはイメージできるだろうか。正しければものの足り、不正であれば足りなくなるのが天の道だから、正を反転して乏としたというのだが、中国人の知恵には脱帽である。

永遠の「永」は水の字に似ていることからわかるように、川に支流ができたことを示す指事文字。支流ができるほどの長さから、永いという意味を与えられたのだろうが、この字を裏返したのが「𠂢《は》」。分派の派、水脈の脈のつくりで、こちらは分かれるという意味に使われる。永い、分かれると意味は違っても、「脈」の字を「脉《みゃく》」とも書くのは双子だからこそである。

雁の字の「厂」をがんだれと呼ぶが、この字は本来、崖を指している。崖の岩が突き出て下に人が住めるようになった場所を示す象形文字であり、中に人を配したのが「仄《そく》」、ほのかという字である。これを左右反転すると「凡」になり、現在では「丸」という字になっている。人が崖から転がり落ちていくさまだそうで、そこからまるいという意味になった。

このほかにも「身」を反対にした「㐆《いん》」は、我が身を反省して道を修める意味といい、慇懃《いんぎん》の慇の音符がそれである。反転文字は特殊な例だろうが、創造力とともに多少のしゃれっ気もかいま見えて、古代の人たちのセンスが身近に感じられてくる。

第二章

鷲づかみにされた心

文字そのものに聞く

ふだん何気なく使っている言葉が本当はどういう意味なのか、急に気になることがないだろうか。

例えば、「ろくでなし」。意味はわかるけれど、ろくでなし、ろくでもないの「ろく」は何なのか。まさか数字の六ではないだろうし……。そういえば「とてつもない」「らちもない」「はかない」などと、打ち消しの「ない」を伴う言葉に、本来の意味がわからないまま使っている言葉がけっこう多い。

そんなときは辞書を引いてみるに限る。「とてつもない」を引くと、「途轍もない」と書くことがわかる。途は道そのものであり、轍はわだちと読み、道に残った車輪の跡。そこから途轍は筋道、道理の意味になり、途轍もないは道理を外れたという意味になった。

「らちもない」も漢字で書けば「埒もない」。埒は本来低い垣のことだというが、日本では特に馬場の周囲の柵のことを指し、京都の加茂の競馬で、見物人が待ちわびて「埒を開けろ」と叫んだことから、埒があく、つまりものごとがはかどる意味になったという説がある。転じて「埒もない」は順序が立たない、つまらないなどのことである。

「はかない」の「はか」は「はかばかしい」「はかがいく」と同類の言葉で、「果」「捗」などの字を当てるが、仕上げようと予定した作業の目標量だという。予定通り順調に進むのが、はかばかしい、はかがいくというわけである。逆に予定した結果が得られないのが「はかない」であり、「儚い」と書くのは人の夢のはかなさになぞらえた当て字らしい。

　さて、ろくでなしの「ろく」だが、意外なことに大陸の陸と書く。陸でなし、といっても海というわけではない。陸は漢音でリク、呉音でロクと読むのだが、陸の字の阝（こざとへん）はもとは「阜」と書き、石のない土山の形、坴も土塊の堆《うずたか》くなったさまで、陸は高く平らな地を意味する。そこから水平、平坦なこと、ゆがみがなく正しいこと、さらにきちんとしている、まじめなことなどの意味にまで発展して、のらくらして役に立たない人を「陸でなし」というようになった。

こういうふうに文字にはそれぞれ本来の意味、そこから派生した使い方がある。辞書を引くのは文字の意味や使い方を知るためだが、辞書は言葉の意味を知る方法の一つであり、言葉を知る手引きにすぎない。字書きは字を書くのが務めだが、その文字がどういう意味なのかも知らずには書けない。そこで私たちはいつでも、わからなければ「文字に聞け」と言っている。

辞書を引けではなく、文字に聞けというのは、例えばこういうことである。文化という言葉がある。そのまま辞書で引けば、「人間が自然に手を加えて形成してきた物心両面の成果」などと出ている。辞書の答えは得てして抽象的、一般的すぎて、もう一つ得心がいかない。そこで私たちは文化という文字そのものに聞いてみる。

文化とは「化して文となす」ことであろう。化して、つまり化けるとはどういうことか。「化」という字のイ（にんべん）は人が立っている状態、つくりの匕は人を逆さにした形で、死んで倒れている様子を表している。つまり人の生き死にを表した文字であり、変化を意味している。従来の考えを捨て、新しい考えを採用すること、そういう変化が化の本質なのである。

それでは何が変化して文、すなわち文字になったのか。それは言葉だろう。初めに言葉ありきで、その言葉が文字に変化してきたように、あらゆる生活の状態、様式、考え方が徐々に変化し発達してきたことが文化なのではないか。文字と言葉とを比べれば、個人の言葉より、社会の約束事である文字の方が公的性格が強い。言葉を私、文字を公と考えれば、身勝手な私のレベルから、社会に広く責任を負った公的段階に達してこそ、文化といえるのではないか。

さらに文字の「文《もん》」は筆画が交錯する形であり、宇宙の森羅万象を文様として創作した象形文字の象徴である。唐代の『文字論』（張懐瓘《ちょうかいかん》）にも文は祖先、字は子孫とあるように、「字」は家を表すウかんむりに子で、家の中に子供がたくさん増えてくる意味である。象形文字である「文」は初め三十くらいだったが、その文を組み合わせた会意、形声の「字」が増え続け、約五万字にまで達したのである。

文字、特に漢字には三千年の歴史がある。長い歴史を遡って文字の本源を問うてみるのが、文字に聞く態度であり、必ずしも現在の辞書の解釈に一致するとは限らないのである。辞書だけに頼らず、文字自身に聞くことで、より深い理解を得られると考えている。

十 横棒は人生、縦棒は歴史

国語辞典の一番初めに出ているのは、ひらかなの「あ」。では漢和辞典は、どんな漢字から始まるだろう。すぐに気づかれると思うが、指事文字の「一」である。

指事文字というのは、象形文字とともに最初期に作られた漢字で、事柄や数など抽象的な概念を記号で表した文字である。一、二、三や上、下などがそれで、指事文字の中でも最初にできたのは、やはり「一」だろう。洋数字の「1」が縦の線なのに対し、漢字の「一」はなぜ横の線になったのか。はるかに昔、視界の遠くに横たわる、大地を区切る一直線、つまり地平線を眺めているうちに思いついたと想像するのも楽しい。

漢字にも洋数字の「1」と同じ、縦棒はある。「|」がそうだが、もちろん「いち」ではない。コンと読み、筆で上から下に引けば退く、逆に下から上に引き上げれば進むという意味になる。ちなみに一見縦棒のように見える「亅」という字もあるが、こちらはかみ合った鍵の一方の形でケツと読む。よく見ると下端が曲がっており、コンとは違うのに気がつくだろう。

書道では「横棒三年、縦棒十年、点は一生」という。どの世界にもある修業の基本をいった言葉だが、漢字の構成は横棒がほぼ七割を占めていることを考え合わせると、三年もすればほぼ字形が整うと理解することもできる。実際、習い始めてから三年もすれば、どうやら格好はついてくるものである。

しかし横棒三年で何とか字形は整っても、縦棒には十年もかかるという。縦棒と横棒の組み合わせである「十」をきちんと書くには、それほどの修練が必要だというのである。二本の直線を組み合わせただけのシンプルな文字で、文字を習いたての子供でもすぐに書ける、十年もかかって会得する文字ではあるまい。そう思うのも無理はないが、十の字をじっくりと眺めていただきたい。

横棒が天地を区切る線、縦棒は進み、そして退く。そう考えると、形こそ単純だが、思いのほか含蓄のある文字に見えてこないだろうか。

あるいは横棒をX軸、縦棒をY軸と見立ててもいい。そうすると、人類の長い歴史の中で、今生きているあなた自身の座標が見えてくる。すなわち縦棒（Y軸）が人類の歴史、横棒（X軸）があなた自身の自分史である。縦棒と横棒の交点が、現在のあなた自身がいる位置ということになる。

有史以来、今日に至る大きな流れの中で、人類はさまざまな文化を創造してきた。身近の衣食住はもとより、思想、哲学、芸術などのすべてが、過去からの積み重ねである縦棒の上に成り立っている。その中でも、言葉と文字は最も重要なものである。

私たちは何かを考えるとき、言葉を使っている。「どうも、うまく行かないな」「明日は何とかしよう」。たとえ口には出さなくとも、さまざまな思いを言葉によって組み立てているはずだ。自己の存在も言葉を介して確かめているのだが、言葉そのものは自分とともに生き、自分とともに死んでいく。その言葉に永遠性を持たせるために、人類は文字を発明したのである。

縦棒が文字の持つ永続性を表すとすれば、有限な私たちの人生を示すのが横棒である。横棒を書くには、まず点を下ろし、その点を次々と連続して引っ張り、つなげていく。点、すなわち一日一日のつながりが、線、すなわち、あなたの人生を築き上げていく。言い換えれば、横棒は一人ひとりの過去、現在、未来を象徴しているのである。そこには、自ずと人間としての成長の度合いが現れる。昨日の自分と比べて、今日は一歩進んだろうか、明日は、明後日は、どんな境地にたどり着いているだろうか。

古今東西、あらゆる人間の進歩の歴史を示す縦棒と、自分自身の成長の度合いを示す横棒が交差したのが「十」である。筆順に従えば、自分の歩んできた道を振り返り、これから先を考えて横棒を引き、そこに人類の歴史を顧みる縦棒の視点を加える。

自ら納得し、人もまた認めざるを得ない「十」を書くには、ようやく字形が整う三年程度では、とても足りないのがわかるだろう。それどころか、十年かければ十年の十、二十年かけても二十年の十であり、これでよしとする十は、一生かけても書けないのかもしれない。

愛

鷲づかみにされた心

映画「男はつらいよ」シリーズの一作目で、渥美清さん演じるフーテンの寅が、妹さくらのお見合いの席に同席する羽目になる。緊張をほぐすために酒を飲みすぎた寅さんが、戸籍では漢字だというさくらの名前を説明するのに、「木へんに貝二つと女ですから、分解すると二階（貝）の女が気（木）に掛かると読みます」と得意がる。

さくらは現在では「桜」と略字で書かれるが、本来は「櫻」だから、お見合いの相手も「なるほど」と感心する。寅さんは知っていたかどうか、櫻の字解きには他に「木の横の二階の下に女あり」とか「十八の女二階の下に立つ」などがある。

多くの漢字が省略されてしまったため、たまに正字を見ると、画数が多くてとても覚えきれないと思うが、寅さんでもわかる方法を考え出したのが日本人の知恵である。複雑な漢字もシンプルな文字をいくつも組み合わせただけだから、櫻のように分解すれば覚えられる。和歌の教養があった昔の人は、『古今集』を題材に「嵐」という字は「むべ山風をあらしといふらむ」と覚え、「梅」の花は「木毎《ごと》に花ぞ咲きにける」と分解している。都々逸《どどいつ》で覚えた時代もあり、恋の正字「戀」は、「戀という字を分析すれば、いと（糸）し、いとしという心」になり、「松という字を分析すればきみ（公）とぼく（木）との差し向かい」と、きれいにまとめている。

漢字を覚えるためにではないが、私たちは書の勉強の際、何かにつけて「文字に聞け」という。文字についてわからないことがあれば、その文字に聞くのが一番、ということである。

まだ私の師匠が健在だったころ、若い弟子の間で、「愛」とは何かが議論になった。古今東西、哲学といわず宗教といわず、大テーマの一つだから、ああだこうだと口をとがらせて意見をぶつけても、納得する答えなぞ出てくるはずもない。

こういうときこそ「文字に聞け」で、漢和辞典をひもといてみる。すると「㤅」と「夂」の合字で行きなやむ意とか、後ろを顧みて立つ人の形「旡」と「心」の会意で、心を残しながら立ち去ろうとする人の姿などと説明してある。なるほどとは思っても、もうひとつ得心がいかない。

自分で考えてもわからなければ、師匠に聞いてみるしかない。愛の字の古い形を書いて教えてくれた。

――「爫」（つめかんむり）も「夂」も爪を立てた手の形だ、上と下から爪でがっちりと心臓をつかんで離さない状態である。心をつかまれて束縛されている、自分は身動きもできず、意思も失ってしまうのが愛だろう。人を愛する、子供を愛するというと、こちらから積極的に働きかけているような気がするが、そうではない。愛するということは相手に心を奪われ、束縛されているのだ

――

心をとらわれ、取りつかれているからこそ、ひたすら対象にのめり込み、無意識に実力以上の力を発揮することもできる。愛の力は偉大、愛なくしては何もできないというのは、なるほど、そういうことかと初めて理解できた。

「愛」はわかったが、それでは、対極にある「憎」は、どういうことだろう。書道を習って少し上達すると、同じレベルの競争相手のことが気になり出す。私の方が上手、いやあちらの方がと競争する気持ちが、時に嫉妬を生み、憎悪の感情にさいなまれる。忄（りっしんべん）だから、自分の心の問題であることはわかるが……。

今度も「憎むとは、どういうことでしょう」と師匠に尋ねてみた。「私にも憎むべき相手がたった一人、この世にいた」。意外な答えが返ってきたが、相手が誰かはなかなか教えてくれない。何度か聞きただすと、予期せぬ名前が出てきた。「それは王羲之《おうぎし》だ」。

手の届かない、いくらあがいても近づけない、かなわぬ存在への嫉妬。それが憎さではないか、というのである。

——かつては王羲之のレベルに近づきたいと、臨書に徹したが、いくら努力してもかなわないと知って嫉妬に悶えた。そうした書に明け暮れる日々の中で、王羲之の書が伝統に裏打ちされた唯一無二のものであることを悟ることができた。自分と似たようなレベルの、くだらぬものを憎んでも何にもならない。少々の差で悩む自分が恥ずかしいと思わないか。千年、二千年を超えてきた存在を目標に、必死の精進を続け、その高みに近づくことが大切なのだ——

この世に心底嫉妬を感じるほどの才能は少ない。そういう才能に対する憎しみは、たゆまぬ自己研鑽によって必ず尊敬に変わる。それが師匠の答えであった。

遊

吾に添ってこその遊び

モラトリアム人間という言葉がはやったことがあった。モラトリアムは猶予期間という意味だが、自己実現が遅れ社会的自立のできないまま、いつまでも社会人としての義務や責任を猶予される期間に留まろうとする青年を指した言葉だった。

その後、青い鳥症候群、ピーターパン・シンドロームなどという言葉も生まれ、いつまでも母親べったりの甘ったれた若者が、現代青年の典型のように思われていた。仕事といってもフリーターで、いい年をしながら定職に就かずふらふらしている若者は、高度経済成長期を生きぬいてきた世代から見れば何とも頼りなく、苦々しく映ったのも無理もない。

しかし右肩上がりの高度経済成長が続き、みんなが繁栄を追い求めるという単純ながら明確な目標のあった時代ではない。将来に対する漠然とした不安の中で、一人ひとりが自分の身の振り方を考えなければならないのだから、モラトリアムもピーターパンも、ある程度は仕方があるまいと同情もしたくなる。

それに誰だって本音は仕事より遊びの方が楽しいはずだ。遊んで暮らせるなら、こんないいことはないと思っているだろう。千年ほども昔の平安末期の今様歌謡集、つまり流行歌を集めた『梁塵秘抄《りょうじんひしょう》』に、この歌がある。

遊びをせんとや生まれけむ
戯《たはぶ》れせんとや生まれけん
遊ぶ子供の声聞けば
我が身さへこそ動《ゆる》がるれ

「遊」という字は、古くは「游」と書いた。旗という字でおわかりのとおり、

「㫃」は吹き流しを意味しており、その下で戯れる子供と水（さんずい）で、およぐ意味だったが、後にさんずいがしんにょうに替わり、陸上であそぶ意になった。ふらふらと移動するというニュアンスを持ち、遊子といえば旅人のことである。

いつまでも子供のつもりで遊んでばかりいて、いいはずがないと叱られそうだが、それでは日本語の「あそぶ」の語源を紹介しよう。あそぶのあは、吾子《あこ》などというときの吾《あ》（われ）であり、吾に添うから「吾添ふ→あそぶ」となった。吾に添う典型的な姿は『梁塵秘抄』にも歌われている子供たちの遊び。素直な自分の気持ちに従って、やりたいことをやっているのが吾添ふであり、遊びである。

「吾添ふ」ためには、添うべき吾が何を欲しているか、吾とは何者であり、何に適しているのかということを知らなければならない。子供のうちはそんなことは考えるまでもなくわかり、好きな遊びに興じられるが、成長するに従って子供の遊びでは満足できなくなる。そこから自分探しが始まるといってもいい。

「吾添ふ」とは結局、未完成な自分を満たしてくれるものは何かを探し求めることと言い換えてもいい。

それでは遊びにならない、仕事探しじゃないかと思うかもしれない。だが、よく考えていただきたい。「仕事」は文字通り事に仕えるわけだから、自分を殺さなければならない場合もあり、苦痛を伴う。ところが「吾添ふ」ほうは、吾が何者であるかを知り、その吾の好きなように添うのだから苦痛がない。給料をもらうために嫌なお客に頭を下げるのは苦痛だろうが、自分が人に接したり、人のためにサービスをするのが好きな人なら、接客は「吾添ふ」遊びなのだから、少しも嫌がることはあるまい。

もちろん吾に添うためには、吾を満足させるだけの勉強が必要にもなろう。野球が好きでプロ野球の選手になりたいと思えば、人の何倍もボールに食らいついて厳しい練習を重ねなければならない。作家に憧れても、自分勝手な文章を書いていては読者の共感は得られない。厳しい文章修業が必要になってくる。

モラトリアムだ、青い鳥症候群だと、先生や親たちに心配されている皆さん。

仕事を探さなければ生き甲斐を見つけられないなどと、いらだたないほうがいい。必要なのはただ、自分の遊びを見つけることなのである。自分は何が好きか、何をやることが楽しいか。よく考えて一番楽しそうな遊びを見つけてほしい。それが仕事にも通じ、生き甲斐にもなるはずなのだから。「遊びをせんとや生まれけむ　戯れせんとや生まれけん」である。

辞

言葉を交わすからお辞儀

朝、顔を合わせれば「おはよう」、昼ならば「こんにちは、お元気ですか」「暖かくなりましたね」、別れるときには「さようなら」「また明日」と挨拶をする。相手が見知らぬ人でも、混んだ電車の中などですれ違うときには「失礼」「ご免なさい」と声をかけるのが、長い間日本人の礼儀であり、常識だった。

ところが、満員電車に揉まれているうちにいちいち声をかけるのが面倒になったのか、路上で肩がぶつかっても「失礼」の一言もなく行き過ぎてしまう。それどころか、毎朝、会社で顔を合わせても、ごく親しい人以外は無言で仕事を始めることが少なくないと聞く。随分よそよそしい世の中になってしまったものだ。

百科事典で「挨拶」という言葉を引いてみたら、書き出しに「人と人とが出会うとき、言葉や身ぶりのなんらかの儀礼的交換があるのがふつうである」とあった。交換する儀礼には消極的儀礼と積極的儀礼とがあり、遠距離からの目礼や、目上の人の前を小走りに通るなど、相手にみだりに近づく意図がないことを伝える接触回避のしぐさが消極的儀礼。これに対して、いわゆる挨拶は積極的儀礼であり、言葉と身ぶりがともに交わされる場合が多い、とある。

事典に教えられるまでもなく、社会生活に挨拶が欠かせないことはいうまでもない。欧米の人たちは握手をするのがふつうだし、日本にも「お辞儀」という立派な挨拶の方法がある。ぶつかって黙って通り過ぎてしまう人や、朝の挨拶をしない会社員に聞いても、お辞儀くらい知っていると答えるに違いない。

ところが、正しいお辞儀はとなると、案外知っている人が少ない。ほとんどの人が頭を下げて礼をすることと思っているが、それは黙礼にすぎず、先ほどの分類でいえば、消極的儀礼に属する。

お辞儀の「辞」は辞典の辞と同じで、言葉を意味している。それもただの言葉ではない。「辞」のもとの形は「辭」であり、「𤔔（もつれ）」と「辛（刃物で断ち切る）」で、もつれを断ち切る、システムの乱れをきちんと正すことを示している。つまり辞は言葉を発することであり、その言葉も通り一遍のいい加減なものではなく、訂正のきかない正しい言葉でなくてはならない。「綸言《りんげん》汗の如し」という。君主の言は一度出た汗が体内に戻らないのと同様に、取り消すことができないという意味だが、お辞儀の言葉も同様なのである。

さらに「儀」が手本、法則のことであることを考え合わせれば、お辞儀は規則に則《のっと》ってきちんと間違いなく言葉で表現することになる。頭を下げるだけでは辞儀にならないし、口の中でもごもご言ったのでは駄目なのである。昔の人はお辞儀の仕方で人の値打ちがわかるといい、冠婚葬祭などでは、話すべきこと、口にしてはならないことなどが決められていた。丁寧な礼とともに心のこもった挨拶の言葉があって、初めて本当のお辞儀になり、相手にも認められたのである。

こうした挨拶やお辞儀は儒教の「礼」にまとめられていた。中国古代の礼書

『儀礼《ぎらい》』には成人、結婚、宴会、葬式など公式の場における挨拶の仕方が詳細に記されている。また、日常の挨拶については『礼記《らいき》』に詳しい。そこでは例えば、親子の間では「昏《ゆうべ》に定め晨《あした》に省みる」、子は晩には父母の寝床を整え、朝には父母のご機嫌を伺えとか、「先生に道に遭《あ》えば趨《はし》りて進み、正立して手を拱《こまぬ》く」、つまり道で先生に出会ったら走り寄り、両手を前に重ねて挨拶するなどと、厳格に規定されていた。

翻って儒教精神など、とうの昔に忘れ去られた現代日本では、母親がベッドメイクをして深夜まで帰らぬ子供を待ち、道で生徒を見かければ先生が駆け寄ってご機嫌を伺っている。電車の中では「失礼」とも言わない人が、山にハイキングなどに行けば、見知らぬ人に「こんにちは」と挨拶をしているという。妙な話だが、時代がどんなに変わっても社会生活を営む以上、挨拶が欠かせないことは本当は誰でも知っているはずだ。

正しいお辞儀が難しければ、初めはただ頭を下げるだけでもいい。形から入るのも、ものを覚える方法の一つである。多少とも知っている人に会ったら、まず頭を下げる。繰り返しているうちに、きっと心から頭を下げ、本心を言葉にせざるを得ない相手に出会うはずである。

聞

百聞してこその一見

「百聞は一見に如《し》かず」ということわざがある。人から何度も聞くよりも、とにかく自分の目で見たほうがよい、といった意味である。出典は西暦紀元直後に編まれた前漢の歴史書『漢書《かんじょ》』といい、現在まで伝えられ人の口に上るのは、この言葉が歴史を超えた真実を含んでいるからだろう。

『漢書』から二千年近くをへた現代の日本では、テレビ世代という言葉も古めかしく聞こえるほどＡＶ（視聴覚）機器が普及し、学校の授業でもインターネットを介した目で見る授業が当たり前になっている。先生が黒板に書き、生徒は話を聞きながらノートに写すという寺子屋以来の授業形式ももはや主流とはいえず、小学一年生からタブレットを持たされている。子供たちにとっては既に「教科書はパソコンのディスプレイに如かず」が実感であり、『漢書』の編者は我が意を得ているのではないだろうか。

「聞くと見るとは大違い」「聞いて極楽見て地獄」など、耳で聞く情報量と目で見る情報量の落差をいった同類のことわざもある。しかし、日常生活にまで映像が溢《あふ》れ、否応なく見ることが強制され、見ることがすべてのような時代になってくると、百聞は本当に一見にかなわないのかと、敢えて疑問を挟んでみたくもなる。

確かに目は見開いただけで、ものの形や色、動きまでも一瞬にしてとらえることができる。対して耳は音を聞くことしかできない。瞬間的に対象を理解する感覚器官としては、目のほうが優れているように思えるが、時間をかければ、聞くことは意外なほど多くの、正確な知識を与えてくれる。

「聞」の字は「門」と「耳」からできている。耳は形からわかるとおり象形文字。門は音符だが、「戸」の字を向かい合わせた形で、門の戸が閉じている様子を写している。そこから「聞」は、閉ざされてよくわからない外のことを聞く意味と理解されている。国語辞典を見ても「声や音が耳に入る」という物理的な意味合いの他に、「人の言葉を受け入れて意義を認識する」「注意して耳に止める、傾聴する」という説明がされているのは、そのためだろう。

それだけではない。聞くという言葉には、尋ねるという意味や、聞き酒という言葉のように試し調べるという意味もある。聞き流すのではなく、注意して耳を傾け、質問し、試した上で内容を十分理解すれば、ただ漫然と見る以上の豊富な情報を手に入れることができるのである。

観光旅行を考えてみよう。観光というとおり、その土地の風光を目にする旅だが、「あそこはよかった」という友人の評判だけを頼りに、なんの準備もなしに出かけたとしたら、果たして本当に満足する旅行ができるだろうか。心から楽しみ、行ってよかったと思うような旅行をするには、事前の下調べが欠かせないはずである。

私たちも漢字のふるさと中国に何度か訪れているが、出かける前には必ず勉強をしている。例えば王羲之《おうぎし》の故地を訪ねるときには、書聖とうたわれた人の生涯を振り返り、模写された筆跡を調べ、書かれた内容を理解して出かけるのである。それだけの準備をしていけば、建物一つ、石碑一つにも深い感動を味わうことができ、王羲之が暮らし、書をしたためたであろう土地や時代の光までをも感得することが可能になる。

事前の勉強が、私たちにとっては「百聞」に該当する。言い換えれば、聞くとは調べる、勉強することと言ってもいい。勉強をせずにものを見ても、本当に理解できるだろうか。書を習い始めて日の浅かったころ、王羲之の模写を見たことがあるが、神品と賞賛される理由が理解できなかった。それから数十年、ひたすら書を学び、文字を勉強していくうちに、これはただものではないと思うようになり、ようやく王羲之の書の神髄に触れることができ、心底の感動を味わったものである。

書道であれ、旅行であれ、何かをしようと思えば、性急に結論を求めてはいけない。まず、そのことについて通り一遍ではなく、二度でも三度でも、徹底的に調べ、勉強して自分のものにする。「読書百遍義自ずから見《あらわ》る」という言葉もあるが、百遍の読書、百聞といえるほどの勉強を重ねて初めて、ものの本質を見極めることができる。百聞のない一見は、本当に見たことにはならないのである。

験

「何ごとも経験」ではない

平成十二（二〇〇〇）年五月、愛知県で六十歳代の主婦が殺され、高校三年生の男子生徒が逮捕された。十代の少年による殺人事件は、残念ながら珍しくなくなってしまったが、この少年が話したという動機を新聞で読んで、愕然とした。「人を殺す経験をしようと思ってやった」というのである。年輩の主婦を選んだことについて「若い未来のある人はいけないと思った」と言いながら、どんな相手であろうと人を殺してはいけないという常識は持ち合わせなかったのだろうか。

人を殺すなどとんでもない話だが、若いうちは、未知の体験に憧れがちなものである。「何事も経験だよ」「経験もないのに何を言ってるんだ」と、とかく経験を強調するのは年輩者。一方、若い人たちは学校という空間に押し込められて知識の吸収に励まなければならないから、大人たちに反発しながらも、早く大人になって、彼らと同じようにいろいろなことを体験したいと思っている。

若い世代から見れば、大人たちの言う経験のほうが、勉強よりも楽で面白そうに見えるのも仕方がない。知識よりも経験、やはり経験を積んだ人にはかなわない。漠然とそんなことを考えていた若いころの私に、あるとき師匠が「経験を大事にしてはいけない」と言い出した。突然のことで何のことか驚いていると、経験が大事だというなら人殺しもしてみないとわからない、そんなことはできないだろうと言う。そんな記憶があったので、冒頭の事件にびっくりした次第である。

師匠の言うのは、こういうことだった。「短い人生で経験といえるほどのものが一体何かあるだろうか。多くの体験を積んだ人間ならわかるはずだ。自分は結局ほとんど経験といえるものはしていないということが」。どうやら、何事も経験などと簡単に言うな、経験とはそんな生やさしいものではないということらしい。

経験の「経」は正しくは「經」と書く。この文字のつくりは機《はた》の縦糸を張った形で、長い時間の流れなども表す。一方、「験」は「驗」と書き、試す、調べる、検査するなどの意味である。したがって経験を字義どおりに解釈すれば、一度限りの体験ではなく、長く続き、伝わってきたことを、繰り返し確認する、試すことになる。

日本人なら箸《はし》を口に運ぶ動作は子供のころから身に付いている。食事中に停電して食卓がはっきり見えなくなっても、さほどの支障なく箸を操ることはできる。そういう習慣にまでなった行動を経験というのだそうだ。それほど身に付いたものに限定されるなら、確かに生涯かかってもどれほどの経験ができるか自信はない。

しかし、食べてみなければものの味はわからないし、叩かれなければ痛さはわからない。体験なしでは、人間は知識を自分のものにすることができないのではないか。そう考えていたら、今度は、肉体的経験は初歩の経験にすぎない、知性で経験するのだと教えてくれた。

知性の経験とは何か。理性、知性を駆使した想像力である。人を殺してはいけない、悪いことをやってはいけないということを、経験しないでもわかるのが人間の想像力だ。人の振り見て我が振り直せという。人間が人間をどれだけ殺してきたか、殺された人はもちろん殺した側も、殺人によってどれほどの苦痛を味わったか、人殺しで問題は解決したか。どんなことでも、自分で経験するまでもなく、勉強によって人間は実地経験以上のものを手に入れることができる。学問は経験につながる、が師匠の結論だった。

書道では、いうまでもなく書くことが第一であり、筆をどう動かすか、頭でわかっていても書いてみなければわからない。書くことは、いわば肉体的経験であり、書の基本である。だが、それだけでは十分ではない。

書くと同時に、文字の成り立ち、意味、あるいは古典的な詩文の勉強が欠かせない。右手を使って書く勉強に対して、漢字、文字の解釈を深める勉強を、私たちは「左手の勉強」と呼んでいる。左右両手の勉強を積み重ねることで初めて、書は上達する。

「経験を大事にしてはいけない」という師匠の言葉は、経験は生半可な努力でできるものではないという逆説であり、学問による経験が必要ということだったのである。

公

公も私も元は私

　数字の八は左を向いた「ノ」と右向きの「乀」からできていることからわかるように、分かれて相背く形である。したがって八のついた文字には分かれる、背くの意味を含むものが多い。分かれるの「分」の上の部分は、活字で見ればおわかりのとおり、間の開いた八であり、刀でものを分かつという意味なのである。必然の「必」は心にたすきなどという人もあるが、本当は弋（式がまえ、標識として立てる杭の意）に八で、分かれる境のこと。標識を立てれば間違うことなく明らかだから、必ずの意味になったという。

「小」も亅を分けている。といっても、わからないだろうが、亅は実は地表にちょこっと顔を出したばかりの草の芽であり、小さな草の芽をさらに分けて小さくするという意味なのである。それでは厶を分けたら?「公」という字になるのだが、カタカナのムを分けると言われても、何のことやら見当もつくまい。

　この厶はカタカナではなく、「私」という字の本字なのである。篆書《てんしょ》では肱を曲げて自己主張しているように書き、私の意味を表した。後に稲を表す禾（のぎへん）を加えた私になったのだという。ここまで説明すれば「公」の意味もわかるだろう。私に背き平等に分かつということになる。

　文字を統一したのは秦の始皇帝だが、統一の狙いは文字による支配であった。支配するものが「公」であり、稲を与えられ支配されるものが「私」だったのである。個人主義の確立した現代社会では、「私」といえば自分、個人のことだと考えるが、「私」は社会を構成する最小単位であり、支配される者なのである。

　例えば国と会社を比べれば、国が「公」で会社が「私」になるが、会社対個人なら、会社は「公」になり、個人が「私」になる。もっと身近に引きつければ、家、家族が「公」で、家族を構成する両親、兄弟などは「私」ということになろうか。

こういう説明もできる。私はたった一人の人である。「人」という字は人を側面から見た象形文字だが、人を二人並べた「从」という字は後に「從」になり、常用漢字で「従」と書き表す。人が並んで従い行くの意味である。ついでに言えば三人並べた文字もあり、「眾」と書いて常用漢字の「衆」、大勢の人を意味する。一人の私は生き物としての個にすぎないが、二人になると人と人との関係ができ、人の間と書いて「人間」という社会になる。

人同士の関係性が生じる人間社会ではルールが必要になり、そこにルールを決めて支配する「公」と、ルールに従う「私」が登場するのである。民主主義の現在では支配、被支配という言葉は嫌われそうだが、漢字の字義からすれば、「私」はよこしまであり、「公」は平等ということになる。熟語を見ても私利、私益、私欲、私心、私腹などに対し、公益、公明、公平、公理、公論と、公であることが正しいこととされる。わきまえのない赤ん坊ならいざ知らず、一人前の社会人であれば、公私の別をきちんとして社会のルールに従わねばならないことはいうまでもない。

とはいっても、公私は人の立場であり、絶対的なものではないから、常に公が正しく、私は正しくないということではないし、公私が逆転することもある。会社という「公」があるから、社員である「私」が頑張って働けるのだが、その会社が会社ぐるみで不正を働くこともある。

金融機関の不正や警察の不祥事など「公」が不正を働く例は、枚挙にいとまがない。上司の命令だからと、不正に手を貸すのが悲しい現実だが、より上位の社会という「公」の倫理観に従って、そんな会社で働けるかと社員が会社を見捨てる場合もあるだろう。そうなれば、頑張って会社を支えていた私こそが「公」であり、見捨てられた会社は「私」ということになる。支配関係が逆転したのである。

そして、もう一つ忘れてならないのは、「公」も「私」もム、すなわち私から成り立っているということである。私なくては公はない。「公」であるはずの会社が事件を起こしたり倒産の憂き目に遭うのは、会社を経営するトップの

「私」が、公私を混同して不正を見逃したり、判断を誤ったからであろう。国策を誤るのもまた、国を導く公人、つまりは一人ひとりの「私」のミスである。

支配するにせよ、されるにせよ、基本は「私」であり、「私」の中身こそが「公」を良くも悪くもしていることに考え及ばなくてはならない。

巳

自然に学んだ干支

地球の温暖化が進み、二十一世紀半ばには、ビルばかりの都心の気温は四十度以上になるだろう、との学者の研究報告がある。気温上昇を防ぐ有効な方法の一つがビルを緑で覆うことだという。都会の緑は減る一方だが、その反動か最近では新型コロナ禍で自宅勤務が増え、ガーデニングを始める人も多いようだ。

四十五億年以上も前に誕生した地球で暮らす私たちは、さまざまな生き物の中でも最も遅く生まれた生物であり、新参者にすぎない。その人間が万物の霊長を名乗り、他の生物を蹂躙《じゅうりん》し始めた。山を削り、森を切り倒し、動物たちを死に追いやった結果が、現在の自然から切り離された生活であり、ようやくその息苦しさに気づき始めたのだろう。

昔の人たちはそれほど思い上がってもおらず、自分が動物や植物の仲間であり、自然の一部であることを心得ていた。人間が作った文字を見れば、すぐにわかるはずである。

例えば目。「め」という音は植物の芽と一致する。鼻は端《はな》の意味といわれ、木の端に咲く花と対応する。葉と同じ音は歯である。体幹という言葉でわかるとおり、胴体は木の幹に相当するし、木へんに支と書けば枝になり、木へんを肉づき（月）に替えれば、人間を含む動物の手足を指す肢になる。

こうした言葉や漢字の表現は単なる偶然ではなく、人間を自然界の一部と考え、動植物に擬する意識は最初の漢字である甲骨文の中にある十干十二支の表を見ても明らかである。

十干は甲《こう》、乙《おつ》、丙《へい》、丁《てい》、戊《ぼ》、己《き》、庚《こう》、辛《しん》、壬《じん》、癸《き》だが、陰陽五行説の五行（木、火、土、金、水）と結びついて、甲乙は木の性、丙丁は火の性と二つずつ順番にくくられている。十干の奇数番を陽の気、偶数番を陰の気とし、日本では陽の気を兄《え》、陰の気を弟《と》と呼び、甲は木の性の兄だから「きのえ」、乙は木の性の弟だから「きのと」、丙は火の性の兄で「ひのえ」というふうに呼びならわしている。

ところで十干は植物の生育状態を表しているという考えがある。甲の意味は始めであり種のこと、以下、乙は屈まりながら芽を出す発芽、丙は成長がはっきりしてくる、丁が強い、盛ん、戊は草かんむりを付ければわかるように茂る、己は分かつの意味があり、庚は秋、実る、辛は新しい、壬は女へんを付けて妊娠する、生まれる、癸ははかるという意味を持つ言葉なのである。確かに草木の成長に結びついた発想が潜んでいるようである。

十干の植物に対して、十二支は動物の名前の羅列である。子《ね》（音読みではシ）、丑《うし》（チュウ）、寅《とら》（イン）、卯《う》（ボウ）、辰《たつ》（シン）、巳《み》（シ）、午《うま》（ゴ）、未《ひつじ》（ビ）、申《さる》（シン）、酉《とり》（ユウ）、戌《いぬ》（ジュツ）、亥《い》（ガイ）。子が鼠、卯は兎、巳は蛇、亥は猪のことである。

十二支といえば動物と誰もが思っているが、これもまた実は植物に関係した言葉なのである。元々は春夏秋冬と季節の推移に従って植物が変化していくことを表した文字の一部をとっている。対応関係を示せば、こうなる。

〔**春**〕子＝孳《ジ》（ふえる）、丑＝紐《チユウ》（ひも、かたくな）、寅＝演《エン》（つつしむ）

〔**夏**〕卯＝萌《ホウ》（しげる）、辰＝賑《シン》（にぎわう）、巳＝包《ホウ》（はらむ、はじまる）

〔**秋**〕午＝忤《ゴ》（おとろえる）、未＝未《ビ》（結実）、申＝呻《シン》（のぶ、うめく）

〔**冬**〕酉＝酒《シユ》（かもす、みのる）、戌＝戊《ボ》（しげる、熟す）、亥＝核《カク》（たね）

十干十二支

五行

五行	兄	弟
木《キ》の性	兄《エ》 甲《コウ》	弟《ト》 乙《オツ》
火《ヒ》の性	兄 丙《ヘイ》	弟 丁《テイ》
土《ツチ》の性	兄 戊《ボ》	弟 己《キ》
金《カネ》の性	兄 庚《コウ》	弟 辛《シン》
水《ミズ》の性	兄 壬《ジン》	弟 癸《キ》

季節	十二支		
春	子《ね》《シ》	丑《うし》《チユウ》	寅《とら》《イン》
夏	卯《う》《ボウ》	辰《たつ》《シン》	巳《み》《シ》
秋	午《うま》《ゴ》	未《ひつじ》《ビ》	申《さる》《シン》
冬	酉《とり》《ユウ》	戌《いぬ》《ジユツ》	亥《ゐ》《ガイ》

春から冬へ植物が成長して、やがて種を残すまでの状態を表す文字を十干や十二支にあてたのは、古代の人たちが農耕とともにあり、現代よりはるかに自然を身近に感じていたことの表れではないだろうか。

十干の「甲《きのえ》」と十二支の「子《ね》」を合わせて、甲子《きのえね》というように、十干十二支を組み合わせたのが、いわゆる干支《えと》である。十×《かける》十二で本来は百二十通りの組み合わせになるのだが、十干の木の性の兄である甲と結びつけたら、弟の乙とは結びつけない、つまり甲子とすれば乙子は作らないという原則で六十の組み合わせに制限してある。ある干支の組み合わせから始まり六十一回目に再び同じ組み合わせに戻るのが、数え年六十一歳の還暦である。

子年生まれといえば何やらちょこまかしているとか、巳年は執念深いなどという印象を持たれがちだが、子は植物が増えることであり、巳は物事の始まり、子供を孕むことと知ると楽しい。自然との共生が合言葉のように使われる現在だが、共生などと改めていうまでもなく、人間自体が地球上の自然を構成する一員であることを思うべきではないだろうか。

惑

四十にして惑うべからず

『礼記』に、「人生十年曰幼、二十曰弱」とある。十歳を幼といい学問を始める年であり、二十歳を弱といい元服して冠をかぶることから、弱冠ともいった。弱冠は二十歳の異称として広まったが、日本では意味が広がり、年の若いことと解されて弱冠二十三歳や弱冠七歳のように使われている。

年齢の異称では『論語』の方が知られている。「我、十有五にして学に志し、三十にして立つ、四十にして惑わず、五十にして天命を知り、六十にして耳順《したが》う、七十にして心の欲するところに従いて矩《のり》を踰《こ》えず」という一節である。それぞれ志学、而立、不惑、知命、耳順、従心と該当年齢を指す言葉として使われている。

戦後、年齢を満年齢で数えるようになるまでは、すべて数え年の年齢であり、このほかにも六十一を還暦といい、七十を古稀、七十七を喜寿、八十を傘寿、九十を卒寿などという呼称もある。子供から老人まで多くの年代にわたって年齢の異称はあるが、今の日本で一般に知られ、改めて年齢を意識する呼称といえば、子供のころの七五三に二十歳の成人、ぽんと飛んで還暦、喜寿あたりだろうか。高齢社会で還暦は祝われるのがまだ恥ずかしいような年齢になったし、古稀は稀ではなく、喜寿はおろか、傘寿、卒寿の祝いも珍しくなくなった。

成人から還暦の間の異称は、働き盛りのせいか、ほとんど意識されることがないが、中で気にかかるのが四十歳の不惑である。といっても現代では人生百年の半ばにも届かない年齢にすぎない。四十にして惑わずという人はごくわずか、よほど自信過剰な人か、鈍感な人ではあるまいか。不惑じゃない、ようやく惑い始める初惑だという人がいたが、実感だろう。

「惑」の字は区域の域と同じ意味の「或」に「心」を加えた字で、心を狭い枠に区切って良い判断を妨げる意味だと説明する辞書もある。同類の語に「迷」

「眩」があるが、迷は道に迷うこと、眩は目がくらみ、ものを見損なうほどに心が迷うこと、そして惑は事の是非を取り違えて判断を誤ることだという。

「四十にして惑わず」は普通、四十歳にもなれば迷うことはないという意味に理解されているが、孔子といえども四十歳くらいでは迷いもあったのではないか。迷わないではなく、四十歳にもなったら迷ってはいけないという戒めと理解した方が、納得がいく。

昔から四十代は人生の難所といわれる。そろそろ老眼も始まり肉体の衰えを実感し始めるとともに、先を考えて「このままでいいのか」と自分の半生を振り返って問い直す年代だからである。男で二十五、四十二、六十一歳を厄年とし、特に四十二歳を大厄というのも、そういう背景があってのことだろう。

人間誰しも人生の前半は自分のことで精一杯である。四十代に達して仕事にも慣れ、家庭も落ち着き、大ざっぱながら先の見通しもついてくる。そんなときだからこそ、来し方を振り返って、ふと、これで良かったのかと考え込むのだろう。考えることは大切だが、あいにく人生のやり直しはきかない。そこで過去を悔やむだけでは、それこそ心が狭い枠にとらわれて判断を誤るというものである。

余裕のできた後半生こそ、視点を個人から社会に広げるべきではあるまいか。自分のためだけに生きる人生は寂しいものである。社会への貢献があって初めて、人間ではないか。過去の反省に立って、視野を広げ新しい後半生を切り開く人生設計を打ち立てる。そういうプラス思考こそが四十にして惑わずの本意だと思いたい。

ヒンズー教では人間の一生を四つの時期に分けている。学生期（師匠に従ってひたすら学ぶ）、家住期（妻帯し、生計を営み、子供を育てる）、林住期（財産、家族を棄て、人里離れて真の自己を求めて道に入る）、遁世期（永遠の自己同一に生きる）の四段階である。疲れた不惑のサラリーマン諸氏は「家族を棄て」に心が動かされるかもしれないが、もちろん現代日本においては、短絡的に適用するわけにはいかない。

それでも現代人にヒントを与えてくれるのは、自己同一だろう。自己の「自」

とは肉体、「己」とは精神と考えると、自分の目指してきたことと置かれている現実が一致する、すなわち、あるべき姿の自分が今ここにいると理解すれば、人生これほどの幸せはあるまい。四十代は現実と理想をすり合わせ、人間としての自己同一を図るための第一歩を迷わず踏み出す時期なのである。

自分に正直ではいけない

雑誌などでときどき、この道一筋の職人へのインタビュー記事が載っている。そんな記事でお定まりの質問が、「あなたにとって○○とは」と、もう一つ「どんなところにこだわっていますか」である。盛り場の商店や商品を紹介する記事にも「こだわりの店」「こだわりの一品」などの文字が氾濫している。

最近の日本人はどうやら、ものにこだわるのが大好きなようだ。「こだわる」、漢字に置き換えると「拘泥」。辞書で引くと「小さい事に執着して融通がきかないこと」とある。私たちの世代が理解している「こだわり」は、まさにそういう意味で、「いつまでも、つまらないことにこだわっているのではない」「こだわりを捨てろ」などと怒られたものである。

ところが、いつの間にか小さいことに執着するのが大事で、こだわるのは素敵な生き方になってしまった。こだわりは個性とほぼ同義語と理解されているようで、若い人たちは「自分らしく、こだわって生きたい」「自分に正直になりたい」と、真剣な表情で話している。自分だけの趣味を指す「マイブーム」という言葉まで生まれたほどだ。時代により言葉の意味が変化するのは仕方がないとしても、こだわりや正直になる対象、基準が自分自身になってしまったのが残念である。

「自分に正直に生きる」ということに対して、かつて師匠が言下に「そりゃだめだ。ものにならん」と否定したことを思い出す。

自分に正直に生きれば、あれも欲しい、これも欲しい、仕事は怠ける、人には意地悪をするで、ろくな生き方にはならない。世間で何事かをなしたといわれるような人を見てご覧。皆、自分に不正直な人だった。眠いときに寝ず、食べたいときに食べず、遊びたいのを我慢し、自分を殺して努力した人ばかりだというのである。

人間性悪説に立っているわけではない。自分は未熟だ、完成にはほど遠いという自己認識に立っての人生観である。

『論語為政編』によれば、孔子は七十歳でようやく「心の欲するところに従いて矩《のり》を踰《こ》えず」、つまり自分に正直に生きても、道を踏み外さない「従心」を迎えたのである。現代の高齢社会での七十歳ではない。紀元前の七十歳である。弱冠二十歳そこそこの若者が「自分にこだわって生きたい」などと話すのを聞いたら、孔子は卒倒するだろう。

自分の「自」という漢字は甲骨文字では「」と書く。見てのとおり、鼻の象形なのである。鼻を指さして自分を示すことから、自らの意味になった。ちょっとややこしいが、本来の鼻のほうは「自」に音符の「畀《ひ》」を加えて表すことになった。「鼻が高い」「鼻にかける」「鼻をへこます」「鼻を折る」と、鼻は自己顕示の象徴になっている。

その鼻、いや自分にこだわったり、正直だったりすることは、得てして自分勝手になり、鼻持ちならない言動に結びつく恐れがありはしないか。こだわりのあまり、周囲のささいな無理解に反発したり、いらだったりするのではないだろうか。自分を卑下する必要はないが、いま現在の自分自身を判断の基準にして、自分が絶対に正しい、一歩も譲らないというのは考えものである。

若いうちほど自分中心に考えたがるのは無理もない。生活の範囲がまだ狭く、比較対照すべきものが少ないのだから、勢い、自分自身にこだわりたがる。だが、世間は若いときに考えていた以上に広く、自分より優れた人は大勢いるし、若い世代が無視しがちな歴史や伝統には、自分など及びもつかぬ偉大な存在がひしめき合っている。

こだわるなら、卑小な今の自分などではなく、広い世間や長い歴史に目を向けてはどうか。自分に正直に、ではなく、社会や歴史に正直に。大きな尺度の中に自分を置いた生き方は苦難も多いだろうが、生きる張りや楽しみも大きいに違いない。

そして大きな目的への執着は、言葉の本来の意味でのこだわりではなく、生き甲斐や希望になる。つまり、こだわりを捨てることになるのである。小さな自分へのこだわりを捨てることは、個性喪失ではなく、より大きく自分を生かすことにつながるのである。

第三章

漢字でない漢字

鏖

古代文字・漢字の魅力

年末になると、「今年の漢字」が新聞に載る。京都に本部を置く日本漢字能力検定協会が平成七（一九九五）年から始めたことだそうで、一年間の世相を表す漢字一文字を一般から募集し、一番多かった文字をその年の漢字として発表して、清水寺貫主が大書する。二〇二二年（令和四年）は「戦」。ロシアとウクライナの戦争、サッカーワールドカップ、物価高との戦いなどを象徴しているという。

やはりこの協会が実施する漢字検定試験には子供から老人まで、毎回数多くの人が参加するという。また、遊び心で四字熟語を創作する新聞、雑誌の企画も、結構な人気を博しているようである。漢字に対するこうした関心の高さは、本離れは進んでも、文字離れにまでなっていない証しで、ほっとする。

そういえば暴走族といわれるグループが、なぜか難しい漢字が大好きであった。黒くて長いコートの背中に、「鏖」などと大きな漢字が貼り付けてある。本来はものを温める銅製の盆のことで、オウ、みなごろしと読むのだが、彼らはどこでこんな漢字を見つけだしたのだろう、グループの中に漢字博士でもいるのだろうかと感心したものである。

言葉が乱れているとか、本を読まないという現象は、もう何年も続いているが、にもかかわらず、漢字に対する興味だけは失われるどころか、逆に増しているように見えるのは、どういうわけだろう。漢字は難しい、覚えきれないと投げ出しそうな子供たちが、あるきっかけで漢字に興味を持ち出すと、嘘のように漢字の虜《とりこ》になる。三千年余の歴史を持つ古代文字には、人をとらえる魅力、いや魔力が潜んでいるのではないかと思う。

中国から借りた文字だからだろうか、西洋文明がどっと流れ込んできた明治以降、漢字は何度も理由のないいじめに遭ってきた。明治の指導者の一人で文部大臣も務めた森有礼は「日本語廃止、英語の国語化」を唱えたし、太平洋戦争の敗戦後には、作家の志賀直哉まで戦争の責任を日本語に求めて、フランス語を国語にしてはと論文を発表している。

アルファベット二十六文字で事足りる英語やフランス語の簡便さに比べた、漢字の難しさ、非能率を嘆いた論であり、日本語の主語の不明確さに無責任さの原因を求めた主張だった。漢字の勉強が近眼を増やすという突飛な議論まであった。漢字いじめは今でも続いており、子供たちにゆとりをという理由で、小中学校では漢字の読みを優先し、書く方は少しずつ上級学年に繰り延べされ、書けなくとも読めればいいという方針のように見える。だが、漢字は子供たちのゆとりを奪うほど複雑で、覚えにくい文字なのだろうか。

朝日新聞の夕刊で「漢字の未来の物語」という連載があったが、その第一回で、東京・清瀬市の小学校四年生の授業が紹介されていた。黒板に「包」という象形文字の初期の形を描く。女の人が体を曲げ、膨れたおなかに赤ん坊がいる形である。少しずつ形を整えて、包という漢字に変わっていったことを知らせ、次に羊水に浮かぶ胎児の写真を見せる。教室中がシーンとなり、先生は「お母さんの水に包まれている」と、包の字の用例をさりげなく教える。

　この日の授業で教えたのは、包一文字だけだったが、子供たちは筆順まできちんと覚え、たくさんの用例も学んだという。記事には、担任の先生の「漢字を学ぶことでさまざまな世界と出会える。子供って、ほんのちょっとした部分から物事を的確にとらえる」「物事のイメージをつかむのに漢字はものすごく大事」というコメントが添えられていた。

　象形文字に代表されるように、漢字は形から始まっており、しかもいくつかのルールに従って組み立てられ、それが音《おん》だけでなく既に意味を持っている。それだけに子供にもわかりやすく覚えられるのだろう。

　漢字は子供には大きな負担であるという固定観念から、そろそろ抜け出す時期ではないだろうか。漢字の成り立ちや意味も十分に教えず、むやみに覚えることを強制する教育の仕方が、子供たちを漢字嫌いにし、結果的に本の面白さからも遠ざけているような気がしてならない。子供たちが興味を示すような漢字の教え方をこそ、大人は考えなければならない。

隷

漢字の恩人、始皇帝

太公望といえば日本では釣り人の別称である。暇人の代表のように思われている節もあるが、太公望が世を避けて渭水《いすい》に釣り糸を垂れていたのはほんの一時。武王《ぶおう》を助けて殷《いん》（商）を滅ぼし、周王朝の道を開いた。三千年も昔の話だが、宮城谷昌光さんは小説の中で、こんな独白をさせている。

「――商を滅ぼしても、文字は滅ぶまい。

なぜか、そんな気がする。文明は滅びやすいが、文化は滅びにくいといいかえてもよい。商はいま中華で最高の文明と文化とをもっているが、文明は学びやすく得やすいため、ほかの邦がそれを凌駕するときがくるかもしれない。が、文化はそうはいかない。はやい話が、馬車は文明であり、文字は文化である。

商の馬車より速い馬車を造れても、文字にまさるものを作るのははむずかしい」
（『太公望』文藝春秋）

殷が使っていたのは占いで用いた甲骨文字や青銅器に彫った金文である。太公望がうち立てた周もやがて滅び、春秋戦国時代を経て紀元前二二一年、秦の始皇帝が統一国家をうち立てた。そして国家統一と同時に手を着けたのが文字の統一だった。

小説の中の太公望の予想どおり、五百年以上続いた春秋戦国の時代を通じて、国は何度も興亡を繰り返したが、文字は滅びなかった。それどころか国により地域によりさまざまに発展し、独自の文化が築かれていった。始皇帝もまた文字の文化性を理解し、だからこそ他国の文化、民族性の拠り所になっている文字に強い警戒心を抱いたのであろう。医薬、卜筮《ぼくぜい》、農業関係以外の書を集めて焼き捨て、数百人の儒者を穴に埋めて殺したという焚書坑儒《ふんしょこうじゅ》も、狙いは文字の統一にあったといわれる。

こうして始皇帝の統一した文字は篆書《てんしょ》と呼ばれ、現在私たちが書いている漢字の書体も、篆書から発展したのである。篆書には大篆《だいてん》と小篆《しょうてん》がある。大篆は周の宣王のとき、史籀《しちゅう》が作ったとされ、籀書《ちゅうしょ》、籀文《ちゅうぶん》とも呼ばれる。これに対して始皇帝の宰相で、焚書坑儒を実行した李斯《りし》の創始といわれるのが小篆であり、篆書といえば特に小篆を指すことが多い。周の大篆より筆記しやすい形の整った書体で、祭祀や国家の記録に用いられた。いわば皇帝専用の儀式用の文字であり、約九千三百字が知られている。現在でも印章用の書体として残っている。

どんな文字か、今すぐ知りたいという方は、財布から一万円札を取り出していただきたい。一万円がなければ、千円札でもかまわない。紙幣中央の透かし彫りの左下に朱の印がある。奇妙な文字と思われるだろうが、印の中に上下二文字二列に並んでいるのが篆書で、楷書に直せば「総裁之印」となる。

見ておわかりのとおり、篆書はまだかなり複雑な文字であり、皇帝の威令を広大な統一国家の隅々まで行き渡らせるには、不都合であった。そこで篆書の書体をより簡略化した隷書《れいしょ》が生み出された。「隷」は及んで付着する、隷属するということであり、篆書に隷属する臣下用の文字というわけだろう。

隷書の成立については、『康熙字典《こうきじてん》』にも諸説ありとあるが、一説には秦の程邈《ていばく》が獄中にあったとき、篆書を簡便にした隷書三千字を作り、始皇帝に献じて罪を許されたと記されている。真偽のほどは確かではないが、面白いエピソードである。

篆書と比べて、どれほど簡略化されたか。もう一度、一万円札か千円札を取り出して見ていただきたい。お札の左側に印刷してある「日本銀行券」「壱万円」「千円」の文字が隷書。私たちが現在使っている文字とほとんど変わらなくなっている。隷書は紙の発明以前に作られ、竹簡や木簡に硬い筆で書かれたため、終筆が波形になる特徴を持っている。

亀甲のひびで天意を問うた「文字イコール神」の甲骨文字、金石文の時代から、皇帝の文字として統一された篆書の時代に移り、さらに隷書という臣下用の文字が作られて、文字はようやく普遍化される条件を整えた。文字が人間社会を支える文化の核と考えれば、始皇帝による文字の統一は、焚書坑儒という残虐な事件を伴いはしたが、文化の上での大革命であり、同じ漢字文化圏の私たちの現在の生活も、篆書、隷書の恩恵にあずかっているといえる。

始皇帝の国家統一からでも二千二百年余。漢字の息の長さ、その漢字が中国や日本の歴史を作り、書き残してきたことを考えれば、難しい、わからないと毛嫌いしているわけにはいかないはずである。

楷

楷書こそ民衆の書体

漢字の五書体といえば篆書《てんしょ》、隷書《れいしょ》、楷書《かいしょ》、行書《ぎょうしょ》、草書《そうしょ》をいうが、書き文字として現在も通用しているのは楷、行、草書である。

秦の始皇帝が定めた皇帝用の篆書から臣下用の隷書が生まれたが、隷書は次の漢代を通じて発展していった。それとともに臣下、すなわち高級官僚の文字である隷書が、一種のステータスシンボルとして理解されるようになった。文字を読み書きしてより高いレベルの階層に上がりたいという出世欲、権力欲と結びついたのである。

やがて皇帝や官僚が文字を独占しようとしても、民衆が自らを文字の圏外におくことを承知しない時代になってきた。文字は一部特権階級所有の時代から民衆共有の時代へと移ってきたのである。

文字の大衆化に与《あず》かって力があったのが、現在まで広く使われている楷書である。楷書は隷書から転化した書体だが、漢代に改良された紙に、柔らかい筆で書かれるようになったため、線の強弱がきちんと表現される書体となった。

楷書の「楷」は中国原産のウルシ科の高木の名である。「孔子の冢上《ちょうじょう》に生ず。其幹枝竦にして屈せず、其質直なるがゆえなり」とあり、孔子の墓地に植えたという木だが、そのまっすぐで行儀の良い形から、点画を崩さない新しい書体の名前になった。

後漢から三国時代、随を経て初唐と、長い時代を経て楷書は完成していき、以後、正式な漢字書体として今日に至っている。これに対して行書、草書は篆、隷、楷と進んできた書体の変遷の延長線上に生まれたのではない。字を速く書く必要から自然に定着した書体である。既に秦代末に隷書を速書きした草書体が現れている。戦争中に急いで書かなければ間に合わないために工夫されたともいう。要するに書くスピードの違いから生まれた書体なのである。楷書のスピードが止まっている速さとすれば、やや崩した行書は歩く速さ、草書は走る速さといえようか。

隷書以前は金属や石、竹や木に文字を書いていたから、文字は左から右、上から下へ書いていくとは必ずしも決まっておらず、筆順は書く人の書き易さに従っていた。柔らかい紙が発明され、楷書によって形が整い、草書によって筆順が定着していったのである。形と筆順が定まる中で、いかに美しく文字を書き表すかに関心が集まって書道が生まれ、後世に名を残す書家も現れてきた。その代表は言うまでもなく四世紀、三国が滅びた後に登場した東晋の王羲之《おうぎし》である。書聖とうたわれ、その書は神品とまで称えられているが、彼の書がどれほど高く評価されたかを示すのが、唐の二代皇帝太宗《たいそう》（李世民《りせいみん》）の執心ぶりだろう。

東晋から既に三百年が経っていたが、太宗は散逸した王羲之の書を国を挙げて収集したという。ところが、どうしても手に入らなかったのが『蘭亭叙《らんていじょ》』であった。太宗は息子を呼んで、願いを伝えた。「地位も国もお前に譲る。その代わり、何とかして蘭亭叙を探し出し、私の棺の中に入れてくれ」。

王羲之の七世の孫に智永《ちえい》という人があり、蘭亭叙は彼に伝えられていたのだが、彼の死後、弟子の弁才に譲られた。皇帝の使いが交渉に行くが、弁才は言を左右にして応じない。そこで監察御史の蕭翼《しょうよく》が旅人の振りをして近づき、年月をかけて昵懇《じっこん》の間柄になり、ようやく入手したという。

『蘭亭叙』は王羲之が右軍将軍・会稽内史として現在の紹興市に赴任した際、会稽郊外の蘭亭に近隣の名士を集めて曲水の宴を開き、参加者の作った詩をまとめた蘭亭集の序文。「永和の九年、歳は癸丑に在り、暮春の初め……」と、曲水の宴の趣旨や様子を行書でまとめたものである。行書の傑作といわれる書だが、残念ながら王羲之が書いた真筆は残っていない。太宗の遺言どおり、地下に葬られてしまったからである。

『蘭亭叙』に限らず、実は王羲之の真筆は一つも残っていない。行書で王羲之の文字を寄せ集めて石碑に刻んだ「集字聖教序《しゅうじしょうぎょうのじょ》」や『蘭亭叙』、行草書の尺《せき》牘《とく》（手紙）で『喪乱帖《そうらんじょう》』『孔侍中帖《こうじちゅうじょう》』、楷書でも『楽毅論《がっきろん》』『黄庭経《こうていけい》』など数多くの王羲之の書は残っているが、それらは皆、後世の書家が書き写したものなのである。

模写とはいっても、それぞれの時代を代表する名筆家が写したもの。中国はもちろん平安時代の日本の貴族までが王羲之の書の写しを懸命になって手に入れ、最高の手本として書を学んだのである。

今日の日本における文字文化の発展は、文字の発明から書芸術に至るまで、中国あればこそである。特に書道人は文字の国、中国の恩恵を忘れてはならない。

碑

一千碑を残した男

東京・港区青山霊園は都内の桜の名所の一つで、春には墓参ならぬ花見の人波に埋め尽くされる。明治七（一八七四）年九月一日、パリ、ロンドンの共同墓地にならって豊島区の雑司ヶ谷霊園、染井霊園、台東区の谷中霊園とともに首都の墓園として開設された。青山大膳亮の下屋敷跡で面積は四園中最大の二八万五〇〇〇平方メートル、十万人以上が埋葬されているという。

霊園の北端近く、南北に貫通するメインストリートから東にちょっと入った一画にあるので、気づかずに通り過ぎる人も多いが、大きな青銅の碑が建っている。碑の最上部に篆書《てんしょ》で「贈右大臣従一位大久保公神道碑」とある。明治十一（一八七八）年五月十四日、紀尾井坂で石川県士族、島田一郎ら六人に暗殺された内務卿大久保利通を顕彰する碑である。碑に気づいた人は大久保利通の顕彰碑であることと、その大きさにばかり注目するが、碑文を揮毫《きごう》したのが明治の書聖とうたわれる日下部鳴鶴《くさかべめいかく》であり、彼の揮毫した碑の中でも畢生《ひっせい》の代表作であることを知る人は少ない。

日下部鳴鶴は天保九（一八三八）年、彦根藩士の次男として生まれ、桜田門外の変で重傷を負って亡くなった養父の跡を継いだ。書道に専念し、明治維新後、新政府の太政官書記官となり、大久保の信任を受け、明治天皇の大久保邸行幸の際には御前で席書する機会を与えられている。

大久保暗殺を機に官をなげうって書道専心を決意、清国公使に招かれて訪日した金石学者、楊守敬《ようしゅけい》と出会い、王羲之《おうぎし》を頂点とする六朝の書に接し、書の伝統の偉大さに瞠目した。そこで中国に渡り、清朝末の文人と交わるとともに多くの金文や石刻文を目にし、伝統に根付いた近代書道を確立した。現代の書家の系譜をたどると、ほとんど鳴鶴にたどり着くほど多くの書家を育てもした。大久保公神道碑は鳴鶴が精魂込めて書き上げた、神髄を示す書なのである。

神道碑は明治十五（一八八二）年に建立が決まり、顕彰の文章を作る撰文は文学博士、重野成斎《しげのせいさい》に委ねられたが、明治天皇から鳴鶴に揮毫の勅命が下ったのは明治四十一（一九〇八）年、七十一歳のときであった。古碑から文字を選び、草稿を作り、四十三年二月から加賀の山中温泉に籠もり、斎戒沐浴して浄書に取りかかり、半年がかりで二千九百十九字の楷書による揮毫を完成させた。草稿には文字の出処明細表まで添える丁寧な仕事ぶりであった。

鳴鶴は中国にまで渡って会得した書を広く後世まで知らしめたかったのだろう、大久保公の碑を始め、請われるままに数多くの碑文を残している。楷書で安井息軒《やすいそくけん》先生碑（東京・文京区養源寺）、日露戦役功烈之碑（東京・あきる野市）、隷書で湯島神社一千年祭碑（東京・文京区湯島神社）、従三位巌谷君碑《いわやくんひ》（滋賀・水口町大岡寺）など明治初年から大正十一（一九二二）年の没年直前まで、鳴鶴の揮毫した碑文は一口に全国で一千基と称される。

その全貌は今では明らかでないが、三十歳代から八十歳を迎えるまで、自らの書の変遷を石に刻んで残した書家は鳴鶴が最初で最後ではないか。お陰で後進の私たちは今でも鳴鶴の書を間近に見ることができるし、管理さえしっかりしておけば、五十年後、百年後の後輩たちも近代書道の原点を見失わずにすむのである。

鳴鶴の碑文だけではない。明治人の鳴鶴が六朝の書風を直に学ぶことができたのも、書を大切にする中国が大昔の碑を守ってきたお陰であった。まことに「碑《いしぶみ》」とはよくいったもので、古くは紀元前の先秦の石鼓文《せっこぶん》、秦の始皇帝が泰《たい》山《ざん》、琅邪台《ろうやたい》など六カ所に建てたといわれる秦刻石が残っている。

碑《ひ》は、古くは棺を墓穴に下ろすとき、穴の周囲に石や木を立てて轆轤《ろくろ》仕掛けで行ったが、この石や木のことをいった。後に碑に葬られる人の功徳を書き記したことから、いしぶみの意味になったという。いしぶみには碑と碣《けつ》の二種類があり、頭部の四角いものを碑、丸いものを碣という。古代中国からの習慣だが、唐代には形や大きさにも決まりができ、五品以上の貴人は碑で高さは九尺（約二・七メートル）以下、七品以上は碣とし高さは四尺（約一・二メートル）以下とされていた。

日本では戦後、碑を建てることはほとんどなくなったが、それでも墓地や公園などに思いがけぬ碑を見つけて、眺め入ることがある。最近では大きな霊園や有名なお寺などに、ボランティアで有名人の墓や碑の説明をしてくれる人がいる。花見などで観光地の人混みに揉まれるのもいいが、ときには古い碑に刻まれた先人の業績や書体を学ぶのも悪くはあるまい。

熟

四字熟語の集大成、千字文

だいぶ以前から四字熟語に人気が集まっている。特に雑誌やテレビが募集する創作四字熟語に、遊び心を刺激される人が多いようだ。新型コロナウイルスの水際対策が緩和されて、海外から観光客が再び訪れる「遠客再来《えんきゃくさいらい》」、行動制限の緩和で帰省してみんなで賑わう様子を表した「帰省歓輪《きせいかんわ》」、ロシアのウクライナ侵攻長期化を表した「烏露曲折《うろきょくせつ》」という具合である。

四字熟語に人気が集まるのは、説明すれば長くなる事柄をわずか四文字でスパッと表現する面白さにあるのだろう。表意文字である漢字の特性によるものであり、短歌、俳句など短詩型文学に親しむ日本人の性向にも合っている。

熟語の「熟」という字は食物の煮える意味の「孰《しゅく》」に火を表す「灬（れっ

か)」を加え、そこから果実がうれる、成熟するの意味となった。創作四字熟語の多くはよく考えられているが、熟語というには煮方が少し足りない未熟語といっては失礼だろうか。

立派に熟した四字熟語の方は漢字の検定試験や入試問題でも、定番のようになっている。例えば「職、金、質、到、人、一、未、攫、務、前、問、千」と十二の漢字を並べて、四字熟語を三つ作りなさいという問題である。正解は「一攫千金」「前人未到」「職務質問」。この程度なら数も少ないし、既成の熟語の知識があれば解けるが、今から千五百年ほど前に一つずつ違う千の漢字を与えられ、一晩で二百五十の四字熟語に作り上げた人物がいたと聞けば、びっくりするのではないだろうか。

彼の名前は周興嗣《しゅうこうし》。中国南朝の梁の高官だった。あるとき、梁の武帝が息子たちの識字教育のために、書聖とうたわれた王羲之《おうぎし》の書跡の中から重複しない千の文字を写させ、一字ずつバラバラでは勉強にも不都合だろうと、これらの文字を韻文にまとめよと命じた。周興嗣は一晩がかりで四字ずつ二百五十の韻文に作り上げて提出したが、苦心のために髪の毛は真っ白になってしまったという。これが現在も習字手本として使われる『千字文』である。

一晩で白髪になったというあたりは誇張もあろうが、四字一句が一つずつきちんとした意味を表現しており、現代人ならパソコンを使っても途中で投げ出してしまうだろうと思われる労作である。

「天地玄黄《てんちげんこう》　宇宙洪荒《うちゅうこうこう》」（天の色は黒く地は黄色であり、空間、時間は広大で茫漠としている）で始まり、「謂語助者《いごじょしゃ》　焉哉乎也《えんさいこや》」（助辞というものは焉、哉、乎、也などである）まで二百五十の四字熟語が脚韻を踏んで整然と並べられている。一句の内容も、天地自然から社会、歴史、教育などさまざまな分野に及んでいる。

「上和下睦《しょうかかぼく》　夫唱婦随《ふしょうふずい》」（上の者が穏和ならば下は仲良くなり、夫が言い出せば妻はそれに従う）も『千字文』にある言葉で、夫唱婦随という言葉が広く日本人に知られたのは千字文の影響だろう。このほか「容止若思《ようしじゃくし》　言辭安定《げんじあんてい》」（立ち居振る舞いはものを考えているように厳かに、言葉は落ち着いてはっきりと)、「具膳湌飯《ぐぜんさんはん》　適口充腸《てきこうじゅうちょう》」(料理をそろえ食事をするにも、口に合って腹を満たせば、それでよい)、「牋牒簡要《せんちょうかんよう》　顧答審詳《ことうしんしょう》」(手紙や文書は簡単に要点を書き、周りを見回して答えるときは細かくわかりやすく)など、現代でも通用する含蓄の深い言葉が随所に見られる。

　これらの言葉は当時の中国の史書や儒教、道教の書物にある成語や故事から多く取っている。そもそも書の勉強のために作らせたわけで、千字の中には一から十までの数詞のうち三のみがなく、東、西、南はあるが北はないなど、漢字の勉強には必ずしも十分ではない。それでも韻を踏んで覚えやすいこともあって、中国では長く識字教科書として使われたという。

　時期は定かではないが、百済《くだら》の王仁《わに》によって『論語』十巻とともに『千字文』一巻も伝えられ、以来日本では主として書の手本として現在まで使われている。著名な書家が楷書、行書、草書体で千字文を写した『三体千字文』も数多く出版されており、明治の書聖といわれた日下部鳴鶴《くさかべめいかく》の『三体千字文』は現在でも書の手本として定評がある。

ところで短歌でも俳句でも五字と七字が単位になっており、漢詩もまた五言絶句、七言絶句のように五、七が基本になっている。「千字文」の四字一句や四字熟語は異例のようにみえるが、四字一句は最も古い中国の詩形なのである。紀元前六世紀、孔子が編んだといわれる中国最古の詩集『詩経』は儒家の経典として有名だが、そのほとんどは四字一句の四言詩であった。

詩形としては単調すぎたためか、五言、七言に取って代わられたが、『詩経』や『千字文』の四言は熟語として現代まで伝えられているのである。

梍

漢字でない漢字

漢字でない漢字がある、といったら、首を傾げられるかもしれない。漢字といえば漢の字、すなわち中国の文字を指すのだが、すっかり日本の文字になってしまってからは、かなに対する漢字という意識が強くなり、漢字でない漢字があることを忘れている人が多くなった。

「凩《こがらし》」「峠《とうげ》」「笹《ささ》」「辻《つじ》」「榊《さかき》」「躾《しつけ》」……さて、これらの文字は漢字だろうか。かなではないから漢字に違いないが、実は中国の漢字ではなく、日本人が作った「国字」なのである。

一番最初に作られた漢字は、象形、指示あわせて三十ほどだったと伝えられているが、必要に応じて数はどんどん増え、西暦百年ごろに編まれた最古の字書、後漢の『説文解字《せつもんかいじ》』に収められた漢字は九三五三字。その後はさらに増えていき、魏の『広雅《こうが》』で一万八一五一字、梁の『玉篇《ぎょくへん》』二万二七二六字、唐の『広韻《こういん》』二万六一九四字、明の『字彙《じい》』三万三一七九字、清の『康熙字典《こうきじてん》』で四万二一七四字に達した。

これだけあれば中国では十二分だったろうが、日本には日本独自の風俗習慣や文化があり、それらを表現するのに中国の字典にはない新しい漢字が必要だった。「さかき」は「賢木」とも書くが、神事に用いる木であることから、日本人としてはどうしても「榊」という文字がほしかったに違いない。同じように仏前に供える「しきみ」は、「樒」という中国製の漢字を当てるよりも「梻」という国字で表す方が得心がいったのではあるまいか。

鎌倉時代末から増え始めた国字は、調査が十分ではないが一応現在までに一六九字が確認されている。日本人の律儀さ故だろうか、国字を作るにも漢字の表意文字としての特性をしっかり意識していることが、文字からも読みとれる。山で上りから下りに変わる場所だから「峠」、肩衣と袴の組み合わせで「裃《かみしも》」。

人が動くから「働」きであり、道路が十字に交差しているから「辻」、門を差し固める横木だから「閂《かんぬき》」、粗悪な銭だから「鐚《びた》」、まだ動力がなく人が引っ張っていた人力車時代の車は「俥」。つくづく理にかなっていると感心する。

日本人の美意識を窺わせる国字もある。「椛」は色づいた木でもみじと読み、「栬」もまた、もみじ。「躾」は国字の傑作といっていい。これにも異体字があり、「䠆」も「躮」も国字で、しつけのことである。礼儀作法、挙措《きょそ》動作の美しさを身に付けることが躾だが、昔の人はどういう思いを込めて、しつけという字を三つも作ったのだろうか。子供ばかりでなく、大人にまで躾のできていない人が多い現代だから、できればしつけの三字を作った人に聞いてみたいくらいである。

そうかと思えば、たった一カ所でしか使われず、漢和辞典にも載っていない国字がある。東京・GINZA SIXの屋上に鎮座する靍護稲荷の「靍《かく》」という文字。火除けの神様で、万一出火の折には守護稲荷の鶴に雨を降らせてという願いから作った文字なのだという。

中国とは呼び方の違う魚の名前なども、国字のオンパレードである。鱚《きす》、鰯《いわし》、鮖《あなご》、鯲《どじょう》、鱈《たら》、鱇《あんこう》、鮗《このしろ》、鰮《うるめいわし》……と際限がない。ちなみに外見上からは区別のしようのない漢字と国字を見分けるには、どうすればいいか。国字の最大の特徴は、中国伝来ではないから、中国での発音の仕方、つまり音《おん》がほとんどなく、訓《くん》でしか読めないということである。

このように中世、近代を通じて、日本独自の国字が生み出されてきたのだが、明治に入ってしばらくしてから、国字作りはパタッと止んでしまう。明治に作られたのは、西欧から新たに入ってきた横文字に対応する必要からだった。長さの単位のメートルに「米」を当て、一キロは千メートルだから、「粁《キロメートル》」、グラムに「瓦」を当て、キログラムを「瓩」と書き表すたぐいである。

三百年の鎖国体制が破れ、西洋の事物や思想がどっと流入してくると、人々は必死の努力で外来語を日本語に翻訳したが、ひと通り西洋の考え方や生活習慣が普及すると、やがて新たな外来語もそのままカタカナで表記するようになった。それとともに国字作りの習慣は途絶えてしまった。かなを持たない中国では、コカコーラまで可口可楽と漢字で表記しなければやまないのに比べると、元来が借り物のためか、日本では和字、すなわち国字へのこだわりが薄れてしまったように思われる。

大正、昭和、平成と、私たちは一つの国字も生み出さずに来てしまった。国字に込められた近代以前の日本人の論理や機知を考えると、残念なことである。平成から令和に時代が変わって、漢字を知らない若者が増えているといわれる中で、その若い人たちを中心に、漢字を使った遊びが流行している。そんな遊びの中からでも、再び新しい国字が作られると面白いのだが。

兇

横行する文字の整形

目をぱっちりさせたい、胸を豊かにしたいなど、美しくなりたい女性の願望を実現する手段として美容整形がある。整形という言葉どおり、形を美しく整えること自体は悪いことではないのだろうが、犯罪者が指名手配から逃れるために顔を整形して本人とわからなくすることがあるように、整形は元の形を別のものに変えることでもあり、慎重さが求められるのは当然である。

漢字の世界では人間よりずっと昔から整形手術が行われている。少しでも美しくしたいというより、ほとんどの場合が煩雑な形をシンプルに、わかりやすく、書きやすくするためであり、困ったことに、わかりやすくしたはずが形を損ね、本来の意味までわからなくしてしまったケースが少なくない。

最近の漢和辞典をひもとくと、古くからの部首に交じって新設された部首を採用している辞典がある。例えば「⺍」という部首がそうである。光、労、学、単、巣などの漢字が集められているが、これらの字を飾っている「⺍」は整形された形であり、元の形は皆それぞれ異なっていたのである。

光の整形前の姿は「灮」で、人の上に火があり、照り輝くという意味。労は火が二つの「勞」で、灯火と力を組み合わせて夜鍋仕事を表し、そこからつとめる、つかれるの意味になったという。学はご存じの通り「學」であり、随分思い切って簡略化したものだと驚く。単の元の形は「單」で、巣は木の上に鳥の巣を載せた形で「巢」。

これだけ違った形の文字を全部同じ⺍にしてしまったのである。文字の個性抹殺も甚だしいというべきだろう。人間に例えれば、人気スターにあやかりたいと、みんなが同じ顔に整形したようなものであり、社会問題になるところだ。

正字の「櫻」は、木へんに首飾りの意味の嬰を組み合わせて、首飾りの玉のような実のなる木、すなわち桜桃を指したという。ところが、これも貝二つがツに変わって「桜」となり、玉のような実は消えてしまった。そのくせ「嬰」だけを「⺍女」と略することはせず、嬰児などと書くのはどういうわけだろう。

そばかすを取るような簡単な手術で、元の姿を全く変えてしまうマジックのような簡略化も横行している。犬の右上の点を取って大にするケースである。戻る、という字は本来は「戾る」で、犬が戸の下をくぐり抜ける形という。類も元は「類」で犬と頪（似る）をあわせ、よく似通っていること。犬という文字は象形文字であり、動物の代表として形を変えて犭（けものへん）にもなっている。点一つくらいと思うだろうが、この点は犬の頭か耳に相当する部分なのである。

「髪はながーい友達」というCMがあったが、髪の下半分も友ではなく本来は「犮《はつ》」であった。犬が足を跳ね上げて走る形であり、抜くのつくりも元はこの形。これも点が省かれ、いつの間にか友に変えられてしまった。

同じように恵は「惠」の爪を剝ぎ、美は羊に大だったのに羊の足をもぎ、告も牛に口だったのを牛の足をもぎ取ってしまった。それもこれも、ひたすら字画を少なくするためであり、無原則に字画を省いた簡略体が戦後、当用漢字として公に認められ、学校で教えられるようになったのである。

当用とは文字通りさしあたって使用する、当座の用に足りるということであったはずなのに、いつの間にか常に用いる常用漢字と名前も変わって、今では元の形を知る人も少なくなってしまった。

話は違うが、ついこの間まで人間の歯の数は「四《し》（歯）×八《は》＝三十二」本と覚えていた。ところが肉でも野菜でも柔らかいものばかりを食べ、歯を立てる、嚙み千切るなど顎を使うことがなくなったせいか、若い人たちの顎が細くなって乱杭歯が増え、挙げ句、大切な歯まで質に入れたのか、今では「四（歯）×七《しち》（質）＝二十八」本しかない子供が増えているのだという。

にわかに信じがたいような話だが、顎の細い小顔の若者たちが、点や字画を省かれた当用漢字のように思えて、なんだか痛ましい気分にさせられる。えらの張った丈夫な正字、いや顎の持ち主がとても懐かしい。

书

きちんと崩した簡体字

漢字は三千年あまりの歴史を持つ古い文字である。しかもエジプトの象形文字（ヒエログリフ）、メソポタミアの楔形《くさびがた》文字などが未だ研究途上であるのに比し、現在もなお、そのまま使われている唯一の古代文字でもある。

そのままとはいっても、時代により地域により簡略化されたり、新しい文字が付け加えられているから、同じ漢字を使う地域でも、場所によって随分形が変わっている。中国や台湾に旅行したことがある人なら、実感としておわかりだろう。

中国語は話せなくても、同じ漢字を使っているのだから筆談で何とかなるだろうと出かけてみると、看板や新聞の文字の中に日本の漢字とはまるで違う文字を見つけてびっくりする。

「中国乒乓球代表団今日出征」くらいなら、乒乓がピンポンを意味することがわかれば、卓球代表団の出発だろうと見当もつく。ところが、「艺术」「电视连续剧」などと簡略化された漢字ばかり並べられると、それが「芸術」であり、「電視連続劇」すなわちテレビの連続ドラマのこととは説明されないとわからない。

中国や台湾の人が日本にやってくれば、やはり日本人はなんて妙な漢字を使っているのだと戸惑うだろう。というのも、それぞれの地域での長年の変化に加え、中国も日本も、この半世紀ほどの間に独自の簡略化を行っているからである。

日本では昭和二十一（一九四六）年、現代国語を書き表すために必要な漢字として千八百五十字の当用漢字を公布した。その後、教育漢字を新たに指定し、当用漢字の字体表を示すなどした挙げ句、廃止。平成二十二（二〇一〇）年十一月三十日に、二千百三十六字の改定常用漢字表を公布して現在に至っている。

一方、中国でも革命後の一九五六年、国務院が漢字簡化方案を公布、二千余字の簡体字が公式に使われるようになった。一九七七年には第二次の簡化方案が公表されたが、現在まで試用を停止されているという。日中両国と異なり、台湾では今でも漢字本来の形のままの「繁体字」を使っている。

日本の常用漢字も中国の簡体字も、漢字を省略化して使いやすくしようという発想は同じなのだが、大きな相違点がある。日本の場合、それまでに通用していた省略体の文字を無原則に認めたため、漢字の手をもぎ足をもぎ、勝手に点を取り払って、漢字が本来持っていた意味を失わせてしまったのである。漢字は中国からの借り物と考え、とにかく画数を減らして簡単にすればいいと粗略に扱った結果と残念でならない。ところが、さすがに漢字を生み出した中国では、簡略化に当たっても、漢字本来の形を念頭に置いて、いくつかのルールに従って省画している。簡略化の原則を調べてみると、大体以下の八つに分けることができる。

①発音を表す部分を共通の形に簡略化する。

憶（忆）億（亿）、鐘（钟）種（种）腫（肿）

②同音の字に替える。
華（华）、穀（谷）、幾（几）、誌（志）
③民間の略字を採用する。
頭（头）、對（对）、當（当）、歡（欢）、亂（乱）
④草書体を直線化する。
書（书）、爲（为）、東（东）、車（车）、柬（东）、興（兴）、見（见）、專（专）
⑤古代の漢字を採用。
雲（云）、萬（万）、衆（众）、幹（干）
⑥「へん」や「つくり」を簡単にする。
説（说）、論（论）、認（认）、銀（银）、結（结）、踐（践）
⑦字体の一部を省略する。
習（习）、産（产）、開（开）、尋（寻）、殺（杀）、麗（丽）、斉（齐）、飛（飞）、蘭（兰）

⑧意味を考慮して新しい字を作る。

陰（阴）、陽（阳）、孫（孙）、竇（宝）、塵（尘）

初めて簡体字に接すると、思い切った簡略化にびっくりし意味もわからないが、こうしたルールに従っていることがわかると、納得もできるし、省画のし方の正しさ（？）に感心する。車と東、柬の草書体に従った崩し方など一目瞭然だし、陰と陽を月と日で表すことも文字の歴史と中国人の論理性を思わせる。

皇帝の文字として統一された漢字は、広い地域で多くの人に使われていく過程で、基本的には簡略化されていった。漢字普及のための必然であり、簡略化自体を否定するわけにはいかない。しかし、無原則な簡略化は漢字の本来の形を忘れさせ、ひいては意味をわからなくさせてしまう。二千年前の古典どころか、わが国でもつい百年あまり前の明治の人たちが書いた文献さえ読めなくさせてしまう。簡略化はいいが、せめて意味がわかるような方策を講じてほしいと思う。

ひ

漢字が生んだ「牛の角文字」

日本とアジアを結ぶ航空会社の機内誌を読んでいたら、広告のページに見慣れない文字が次々に出てきた。「香奈兒」「愛馬仕」「浪漫」「蓮娜麗姿」。さて、どう読んだらいいのだろう。三番目は日本では「ろうまん」と読むのだが。いずれも日本の女性ならよく知っているブランド名といえば、推測可能だろうか。

正解は「シャネル」「エルメス」「ランバン」「ニナリッチ」。日本では外国の固有名詞はカタカナで表記するのが普通だが、中国、台湾では似た音の漢字を当てたり、同じ意味の漢字で表す。四つのブランド名は音で表した例だが、広告の中には意味を取って翻訳したものもあった。例えば「柔和七星淡煙」。日本の愛煙家ならすぐ判《わか》るだろう。「マイルドセブン・ライト」である。

カタカナが氾濫しすぎと批判される日本に比べ、何でも漢字に置き換えねば気がすまない中国人のこだわりには驚かされる。だが、実は日本人もかなを作り出す前は、すべてを漢字で表していた。「万葉仮名」といわれるのがそれである。

かなは真名《まな》（本当の文字、漢字）に対して仮り名として作られたもので、「かりな」が「かんな」、そして「かな」となった。中国から伝来した漢字しか文字がなく、訓読みもまだ固定していなかった時代、日本語を表記するのに、先ほどのブランド名と同じように、漢字の音だけを借りたのである。例えば大和の忍坂宮《おしさかのみや》を「意柴沙加宮」などと書き表した。

当時の日本人も、中国とは違う日本の人名、地名などの固有名詞を表すのに困って、考え出したのではないだろうか。こうしたかな（漢字）が、特に万葉集では五百八十種も使われていたため、「万葉仮名」と通称されるようになった。

万葉仮名は使われるうちに字形が少しずつ単純化され、字画も少なくなっていった。奈良から平安時代にかけて変化していったが、まだ字源も崩し方も統一されなかった時代のかなを「変体仮名」という。当時の教養の源であった漢字に比べ、日常に用いる手紙文などのために草書体の変体仮名をさらに簡略化し、統一して、現在も私たちが使っている「ひらかな」を生み出していった。漢字かな交じりという日本独特の表記法は、平安時代四百年をかけた貴族たちの努力のおかげである。

安を崩して「あ」、以が「い」、呂が「ろ」。いろは四十七文字には入っていたが、あいうえお四十五文字では外されてしまった「ゐ」の元は為であり、「ゑ」は恵である。

『徒然草』に、後嵯峨法皇の内親王が幼少のころ、父君にあてたかわいい和歌が紹介されている。

ふたつ文字牛の角《つの》文字直《す》ぐな文字
歪み文字とぞ君は覚ゆる

ふたつ文字はひらかなの「こ」、牛の角文字は「ひ（い）」、直ぐな文字は「し」、歪み文字は「く」。お父様が恋しく、懐かしいという文意だが、当時のお姫様たちは、こういうふうにしてひらかなを覚えていったのだろうか。

漢字を崩していって、これ以上簡略化しようのないところでひらかなとして定着したのに対し、「カタカナ」は同じころ、仏教の経典などに訓点を付けることから始まった。最初は万葉仮名で訓を付けていたが、やがて漢字の一部だけを書くようになった。奈の初めの二画をとって「ナ」、流の下の二画で「ル」、伊のへんだけで「イ」、逆に江のつくりから「エ」というわけである。

ひらかなの発明によって平安以降の和歌の名作が生み出され、『土佐日記』『竹取物語』など多くの日記、物語文学の傑作が残された。一方、カタカナは法律や公式文書に活用され、今では外来語の表記に生かされている。便利なことはいうまでもないが、便利さに寄りかかって、何でもかなで表せばいいという昨今の風潮は、いかがなものだろう。

動物や植物の名は一部を除いてカタカナで書くのが通例になっているが、音を表すだけのかなでは何のことやらさっぱりわからない場合が多い。「セキセイインコ」といわれても、よほどの鳥好きでなければどんな鳥かわからないが、漢字で「背黄青」と書けば、背中が黄色と青の美しいインコであることがすぐにわかる。ランバンやニナリッチなどの商品名まで漢字に置き換える必要はないが、日本語の鳥や花の名前までカタカナ表記にしてしまうのは、ちょっと行きすぎではあるまいか。

ゑ

音とともに消えた「かな」

「もんじゃ焼き」はご存じだろう。熱した鉄板の上に水で溶いた小麦粉を引き、具と混ぜて食べる若者に人気の食べ物である。最近は野菜や魚介類など具も豊富だが、昔はほとんど小麦粉（メリケン粉といったが）だけの子供の食べ物で、鉄板の上に小麦粉を伸ばして文字を書き、遊びながら食べたことから、「文字焼き」がなまって「もんじゃ焼き」になったという。

似たもので関西には「ちょぼ焼き」というのがあった。やはり溶いた小麦粉を鉄板で焼くのだが、こちらはほんの指の先くらいの量をのせては焼く。ちょぼはおちょぼ口などというように、小さい、愛らしいという意味で、点のこともちょぼ、ぽちなどという。関西で祝儀袋のことをいうぽち袋も同じ系列だろう。関東の文字焼きに対して、こちらは点焼きといったところだ。

いずれも文字が生活の中に溶け込んでいる一例だが、すっかり溶け込んでしまったため、もとは「文字」という意味だったことに気づかない例はほかにもある。おなかが空くと「ひもじい」と感じ、ご飯を「しゃもじ」でよそって食べるが、そこにも「文字」が潜んでいる。

室町時代あたりから宮中に仕える女官が使っていた女房言葉という一種の隠語があるが、「ひもじい」も、「しゃもじ」も、もとは女房言葉。あるものや状態を露骨にいうことがはばかられるときに、その言葉の最初の音だけで表現するのが、女房言葉のルールの一つだった。ひだるい（空腹）という代わりに「ひの文字」、ひもじという。杓子《しゃくし》といわず「しの文字」、しゃもじといったのである。

「ゆもじ」は入浴時、入浴後に着る単衣、現代では浴衣のことだが、これも「ゆ（湯）の文字」からきている。「かもじ」は女性の髪をふくらませるために加える髪の毛だから「か（髪）の文字」の意味。古くは、「か（母《かか》）の文字」の意味もあったといい、奥さんのことを「おかもじさま」ともいった。

最初の一音で表現する習慣が女官から始まったのは、平安時代に女性中心に広まり、女手とも呼ばれた表音文字・ひらかなに対する親しみがあったせいもあるのではなかろうか。

「色は匂《にほ》へど散りぬるを我が世誰ぞ常ならむ有為《うゐ》の奥山今日《けふ》越えて浅き夢見じ酔《ゑ》ひもせず」。音の異なるかな四十七文字を使った「いろは歌」は、涅槃経の偈《げ》「諸行無常、是生滅法、生滅滅已、寂滅為楽」を意訳したというが、手習い歌としてひらかな普及に大いに役立った。

かなは表音文字であり、この歌が作られた平安中期には四十七通りの発音があった。ところが半母音（w）と母音（i）を結合させた「ゐ」と、半母音（w）と母音（e）を結合させた「ゑ」の発音は、それぞれ「い」「え」の音《おん》と混同され、消えていってしまった。

音の区別がなくなっても文字は長く残ったが、戦後、現代かな遣いを制定する際に文字まで消されてしまった。いろは四十七文字から、あいうえお五十音と表現の上では増えながら、実際は四十五文字に減らされたのである。

それだけではない。濁音の「ぢ」と「づ」の表記も追放されてしまった。この二音も古くは（di）や（du）、後に（dzu）のような破裂音だったのだが、次第に「じ」や「ず」との区別がなくなっていったからだ。

現代かな遣いでは「地震」も「家路」も「お爺さん」も、じしん、いえじ、おじいさんと書く。だが、大地《だいち》が揺れる地震は「ぢしん」であり、家に帰る路《みち》は「いえぢ」でなければならないし、父《ちち》に濁点を打った爺は「ぢぢ」であり、おぢいさんなのである。

「づ」もまた同じ。水は満つるからできた言葉だから「みづ」、泉も「出づ水」（水が出てくる）だから「いづみ」。いずれ、いずこも、「いつ」から派生した言葉だから「いづれ」「いづこ」が正しいし、つまずくは爪先で突くことだから「つまづく」になる。

発音の区別がなくなったのだから文字を区別する必要もない、第一面倒くさいじゃないかという人が多いだろう。確かに音は変化し、消えていくのも仕方がないが、文字は記録として時代を超えて残っている。「ゐ」や「ゑ」が読めなければ、『源氏物語』や『古今集』も読めないし、ひいては日本文化の伝統を理解することもできないのではないか。

音がなくなったから文字も消えてかまわないという一方で、外来語が氾濫し、ビーナスでは原音のニュアンスが伝わらないからと、ヴィーナスと書く。「ゐ」「ゑ」や「ぢ」「づ」に代表されるように、古代の日本には今よりも豊かな音が溢《あふ》れていたし、今でも方言などにはさまざまな音が生き残っている。標準語と東京中心の発想が日本語の発音を貧弱なものにしてしまったといったら、言い過ぎだろうか。

歌

和歌とかなこそ日本文化

かなという言葉が真名（漢字）に対する仮の名の意味で作られたように、和歌も「からうた」つまり、中国の歌（漢詩）に対する「やまとうた」、大和《やまと》（日本）の歌であることを強調して名付けられた。かなと和歌とは成立の当初から深いつながりがある。

和歌といえば短歌を指すことがほとんどだが、その短歌が成立したのは七世紀とされ、長歌の末尾五句が独立したとか、五七七五七七の旋頭歌《せどうか》の三句目が脱落したなどの説がある。八世紀に編まれた『万葉集』約四千五百首のうち九割強が既に短歌だったが、万葉集の場合は、まだ和歌という言葉は和する歌、和《こた》ふる歌、つまり合わせる歌、答える歌の意味だったという。

単なる和する歌から、やがて日本の歌の自覚が強まり、やまとうたの意味に変わっていった。平安時代に編まれた初の勅撰和歌集『古今和歌集』の「仮名序」では「和歌《やまとうた》は、人の心を種《たね》として、万《よろづ》の言の葉とぞなれりける。……この歌、天地《あめつち》の開けはじまりける時より、いで来にけり」と日本の伝統的な歌であることを宣言している。

「仮名序」ではさらに「世の中にある人、事・業《わざ》しげきものなれば、心に思ふ事を、見るもの聞くものにつけて、言ひいだせるなり。花に鳴く鶯、水に住むかはづの声を聞けば、生きとし生けるもの、いづれか歌をよまざりける」と、和歌の素晴らしさ、歌わざるを得ない気持ちを高らかに表明している。

「歌」という字は、口から出る息が長く伸びる、つまり声を長く引く意味の「哥」と、人の頭から気が立ち上る「欠」とを合わせた文字で、感動のままに声を発する意味を表している。和歌に縁はなくても、現代人ならカラオケで思うさま歌うことを思い起こせば、文字の気分は理解できるはずだ。

和歌を詠《よ》んだ日本の貴族たちも、自分の思いを率直に歌として歌うには、漢字による漢詩では表現しきれないいらだちがあったのだろう。「仮名序」の和歌礼賛からは、自分たちの歌を手に入れた平安の人々の喜びが素直に伝わってくる。それ以来、和歌は「敷島の道」、すなわち敷島の大和の歌とも呼ばれ、日本の国風《くにぶり》として歌い継がれ、今日に至っている。

和歌と並んで国風を代表するものがかな文字である。和歌の表記は、『万葉集』では漢字の音を借りた万葉仮名で行われていたが、『古今和歌集』になると現在と同じひらかなが使われている。「仮名序」にも「難波津《なにはづ》の歌は帝《みかど》の御初《おほんはじ》めなり。安積山《あさかやま》の言葉は采女《うねめ》の戯《たはぶ》れよりよみて、この二歌《ふたうた》は、歌の父母《ちちはは》のやうにてぞ、手習ふ人の初めにもしける」とある。

当時、かなの続け書きを習う人たちは、

難波津に咲くや木《こ》の花冬ごもり
今は春べと咲くやこの花　　王仁

安積山影さへ見ゆる山の井の
浅き心をわが思はなくに
読人しらず

この二首から始めたというのである。

かなは和歌とともに普及し始め、このころから和歌を書くのはかなであり、かな文字の手習いには和歌を書き写すのが当たり前になっていたようだ。その後も和歌を作るほどの人は見事な手跡をみせ、また書を習う人は和歌を作る教養も持ち合わせていたが、昨今では和歌と書とが離ればなれになってしまっているのが残念である。

五七五七七の計三十一字からなる和歌のことを三十一文字《みそひともじ》ともいうが、人体になぞらえて第一句の五文字を首、二句目の七文字を胸、三句目五文字を腰、四句目の七文字を臑《すね》、結句の七文字を脚ともいう。和歌を一首二首と首を単位に数えるのは、そこからきている。また五七五の上の句と七七の下の句のつなぎが和歌の命であり、つなぎのまずい句や、自分の歌を謙遜して「腰折れ」というのも、同様である。

初めは腰折れでもいい、書、とりわけかな書道を学ぶ人は、日本文化の伝統を継ぐ気持ちで古典に親しみ、和歌を詠む努力をしてほしい。そのためにも万葉、古今、新古今などから、歌言葉や古語、歴史的かな遣いを学びたいものである。

中国から借りた漢字を母体に、奈良、平安の貴族たちが身を削って作り上げた和歌であり、かな文字なのだから、勉強して現代に生かさなければ罰が当たるというものである。

第四章

誠の花を学ぶ

效

手から手へ教え、学ぶ

教育の荒廃がいわれて久しい。生徒同士がいじめ、いじめられて自殺する。授業中に席から立ち上がって歩き回り、大声を上げ、時には暴れ回って授業が成り立たない学級崩壊も少なくない。いじめや授業中のおしゃべりは昔もあったが、最近の子供たちの様子を聞いていると、最低限のルールも守れず、学校という箍《たが》まではずれてしまったような空恐ろしさすら感じる。

教師、生徒、保護者それぞれの立場から議論は百出、それぞれの言い分はなるほどと頷けるのだが、三者が納得する解決の目処《めど》は未だに立っていないようだ。門外漢にいい知恵があるわけでもないが、書を学び、教えるという立場から、教育について考えない日はない。教育に関する言葉に、昔の人たちがどんな思いを込めていたか、文字から探ってみることも無意味ではあるまい。

先生の方からいえば「教える」、生徒から見れば「学ぶ」ということになるが、二つの文字には共通点が多い。「教」は古くは「敎」と書いた。この文字のへんになっている「爻《こう》」は交わるという意味だが、手を交差した形と考えることができる。

交差した手が二つ重なっているのは、先生から生徒へ、手から手へ伝えていくことを表している。一対一で手ずから、いわば体全体で伝えるのが「教」という字の本来の意味ではなかろうか。

「学ぶ」という文字も正字の「學」を見ればわかる。元はかんむりの部分だけで「𦥯」だった。両脇にあるのは手の象形で、真ん中にはやはり「爻」がある。教えることがそうであるように、学ぶことも手から手へ、体を使った作業なのである。

「教」の字にはもう一つ、大事な意味が隠されている。つくりの部分に置かれた「攵」、これは「攴」と書くこともある。手に小さな木を持った形で、牧場の「牧」に使われているために、牧《ぼく》にょうと呼ばれている。そのことからもわかるように、手に持っているのは牛をたたく鞭である。「教」だけではなく、実は「学」の古字にも、「學」に牧にょうを加えた「斅」という文字がある。

牛をたたく鞭がなぜ「教」や「学」に組み込まれていたのかを考える必要がある。中国の近現代文学を代表する文学者、魯迅は子供のころ、先生に叩かれて初めて勉強に目覚めたと告白している。書道の勉強中に手を鞭で叩かれて、はっと気づいたのだろう。

教育には体罰が必要などというと、猛烈な抗議を受けそうだが、少なくとも「教」や「学」の文字を生み出した大昔の中国人は、教育には鞭が欠かせないと考えていたのである。魯迅のエピソードを紹介するまでもなく、日本でもひと昔前までは体罰は日常的に行われていた。もちろん牛を使役するようにではなく、愛の鞭であったはずだが。

だから、現代の子供たちにも体罰を加えよというわけではない。先生どころか親にも叩かれたことのない若い世代が教師になり、加減もわからずに生徒を殴り、全治何カ月かの怪我を負わせる。これは体罰ではなく暴力である。「教」という文字を、もう一度よく見てほしい。手から手への「爻」と、枝を持った手の「攵（攴）」から成り、後に「子」が加わって、「教」になった。「學」も全く同じ。肉体に関する文字だけでできあがっていることに気づく。

教科書の棒読みや知識の切り売りが教育ではなく、先生と生徒が一対一で、手から手へ、体全体で伝えていくのが教えるということであり、学ぶということなのだろう。教も學も最初にできた文字には「子」の字は入っていなかった。大人が子供に教えるのではなく、職人の世界の技術伝授のように大人同士の関係に使われた文字だったのではないか。そこでは、それこそ鞭で叩いて教えるのが当たり前だったかもしれない。

しかし、その後、両方の文字に「子」が加えられた。大人が子供を教え、子供は大人から学ぶという関係ができあがったからだろう。大人と子供では安易に鞭をふるうわけにはいかない。文字の中に愛の鞭、体罰の意味が含まれているとしても、叩くことに意味があるのではなく、体を使って教えることで何かが伝わると考える方が合理的だろう。

全身全霊、体ごとぶつかってくる先生に出会えば、今の子供たちも「関係ない」などとそっぽを向いていることはないはずだ。

學

学ぶは真似ぶ

新聞に、ある美術家の中学生時代のエピソードが紹介されていた。書道の時間に同級生が手本をまねて一生懸命筆を走らせているのを横目に、筆に十分墨を含ませて自己流で一気に書きなぐった。書き上げた文字を見た先生が、「それでいいんだよ」と言ってくれたという。

彼は皆と同じものを同じようにやるのが苦手で、先生のひと言で人と同じでなくてもいいのだと感じ、何かが吹っ切れたのだそうだ。新聞記事は美術家の「奔放な個性」を強調するために、このエピソードを紹介しているのだが、とりわけ自意識の強い若い人たちはそういう生き方に共感するのだろう。

難しい時代の転換期にさしかかって、「赤信号みんなで渡れば怖くない」と横一線に並んで歩いてきた日本人の価値判断が反省され、自ら判断し、自ら決定する個性の尊重が声高に叫ばれている。そのこと自体は大いに結構だが、自ら判断する力を付けるためにも、学ぶことの大切さがなおざりにされていないかと心配になる。

「学（學）」という漢字は、儀礼などの手振りを習う意味だともいうが、訓の「まなぶ」も「真似《まね》ぶ」から出ている。学ぶとは、まねることなのである。

何をまねるのか。書の勉強では、先生の手本に似せて書くことから始める。臨書《りんしょ》といって手本を前にひたすらまねるのだが、目で見て手本のとおりにまねる以外にも、引き写し、双鉤塡墨《そうこうてんぼく》などの手法がある。引き写しは手本を下に敷いて、透いて見える文字をなぞる方法。双鉤塡墨は文字の輪郭を毛筋一本まで写し取って、その輪郭からはみ出すことなく、一筋の空白も残さず墨で書いていく方法である。

個性尊重の時代に邪道と思われそうだが、中国では双鉤塡墨した書が国宝になっている。清の乾隆帝《けんりゅうてい》が三稀堂《さんきどう》に収めた王羲之《おうぎし》の『快雪時晴帖《かいせつじせいじょう》』である。

王羲之の書は上品を超える神品と称えられるが、残念ながら真筆は一つも残っていない。三稀堂の書も後の書家が臨書した作品なのである。

真に似ると書いてまねと読むように、まねるということは限りなく真実に迫ることである。当然のことながら、手本をまねるのに個性はいらない。というより生半可な個性は邪魔であり、捨てなければならない。個性を持つのは最高の手本だけ。俺が、私がという我執は振り払って、ひたすら最高の個性、すなわち真に迫る努力を「学ぶ」というのである。

十回書いて全く似ず、百回まねて少し似てくる。千回、万回書き写していくうちに、形だけでなく、手本を書いた人の目には見えない思考過程まで感じられるようになってくる。だが、そこまでまねても真似はあくまで真に似るだけで、真ではない。

逆にいえば、決してまねられないものこそが真、つまり最高の個性ということになる。

その意味では、世の中に盗作などあり得ない。盗作されるということは、その程度のものなのである。いくらまねても、そっくりそのものにならないのが本物であり、見る目のある人が見れば、盗作はすぐにばれてしまう。

それなら、やはりまねなど馬鹿馬鹿しいと思うだろうか。そうではない。個性を没して、ひたすら手本の個性に同化しようと努力しても、真の個性は努力をあざ笑うように厳然と屹立している。しかし、そこまでたどり着いても、どうしても埋まらない手本との違い、それが、実はあなたの新しい個性なのである。王羲之の写しの『快雪時晴帖』が国宝とされるのも、そこまでたどり着いた個性による作品だったからだろう。

学ぶ、まねると並んで、習うという言葉がある。羽の字でわかるように、雛《ひな》鳥《どり》が親のところへ近づこうと、何度も繰り返し羽ばたいて飛び方を習うことからできた文字である。飛べない鳥は生きてはいけない。雛はもちろん、親鳥も必死で羽ばたきを学ばせる。学ぶということは、命がけの行為であることを教えてくれる。

冒頭の美術家は手本を無視して、人と同じでなくてもいいことを知ったという。中学校の書道の手本はまねなかったかもしれないが、現在の活躍ぶりを拝見する限り、その後、別の場所で懸命に何かをまね、それを自分のものにしたに違いない。本物の個性は、まねの繰り返しの果てに光り輝くものだからである。

師

先生は二千五百人の模範

先生といえばふつう学校の先生、教師を指すが、○○先生と尊称として使う場合には医師や代議士、作家先生や評論家の先生まで幅広く使われる。範囲が広がったためではなかろうが、先生の価値は下がる一方のようだ。

とりわけ、かつては聖職とまでいわれた学校の先生、教師の評判がよろしくない。自分の生徒にいたずらをしたり、ばれなければいいと、女子高校生相手に援助交際をするような教師が増えたからではない。そんな先生は論外。教室で生徒が先生の話を聞こうとしない、小中学生は授業中に教室内を立ち歩き、大学生まで私語や飲食が絶えないという。しかも、先生はそんな生徒たちをたしなめることもできず、授業が成立せず、学級崩壊などという言葉まで生まれている。

社会的訓練を受けた大人は、内心はともかく「先生」という立場の人にはそれなりの敬意を払うが、子供たちはそうはいかない。先生でもやるか、先生しかできないというデモシカ教師が登場したころには、既に生徒たちは「先生といっても先に生まれただけ」「先ず生きてるようなものだ」と読み、陰口を言っていた。

それが公然と教師に反抗し、あからさまに授業をボイコットするような行動に出始めたのは、確かに家庭のしつけもあり、世の中の価値観の変化も影響しているだろうが、教師とは何か、教師はどうあるべきかという自覚が欠けていることにも、理由があるのではないだろうか。

教師の「師」という字は、中国古代の軍隊編成上の単位を表している。時代によって変化があるようだが、周の時代には兵五百人を旅《りょ》、五旅すなわち二千五百人を師、五師すなわち一万二千五百人を軍と呼んだ。現在でも軍隊で使う師団、旅団という言葉は軍隊の規模を表しているのである。

師は二千五百人の部隊だが、転じて部隊の長、さらに人を導く立場にある人、模範の意味になった。本来の字義からいえば、それだけ多くの人を教え導く力量を持った人物でなければならないはずである。四十人ほどの生徒に手を焼いて収拾がつかないのでは、師の資格はないといわれかねない。

そういっては言い過ぎだが、現代の先生方にもう一度、師という言葉の意味を嚙みしめていただきたいと思う。そもそも生徒たちは何のために勉強しているのか。進学率の高い学校、有名大学、一流企業を目指してというのが実状だろうが、今や大企業も倒産し、リストラの嵐が吹き荒れる時代である。有名大学、一流企業という目標の背後にあるものを見直してみる必要があるのではないか。

なぜ勉強するかを突き詰めてみれば、結局、未知の自分に出会いたいということではないだろうか。昨日の自分でない自分、今日の自分でない自分、よりよい自分を探して学ぶのであり、そのために師を、先生を求めているのである。人間を変えてくれるのが教育であり、教育によってしか人間は変えられない。

先生とは自分にない優れたものを持っている人物でなければならない。その人物にいかに影響を受けたかによって人は変革する。

そうだとすると「人間はよく教育された者によって教育されねばならない」（カント）のである。生徒に教えるべき中身をきちんと身に付けた先生であれば、優しい先生であろうが怖い先生であろうが、生徒は脱帽して教えを請うはずではないか。自ら学びもせず、伝えるべき何物もないのに、「先生の話を聞きなさい」といっても、耳を貸さないのは当然である。

もちろん先生もまた勉強の途中の身だから、すべてを完璧に身に付けていることなど望み得べくもない。書の世界にも師と弟子があるが、私たちは先生というのは教える、伝えるという役割にすぎないと考えている。何を教え、伝えるのか。書道では自らが正しいと信じる手本である。言い換えれば手本が先生そのものなのである。

学校の国語、社会、理科などの先生にも、それぞれが学んできたお手本があるだろう。それを十分理解し、きちんと生徒に伝えることができるかどうか。

それができれば生徒たちは耳を傾けるだろうし、先生もまた、今日とは違うA君、未知のBさんなど、たくさんのすぐれた個性を伸ばす教師という役割の素晴らしさを実感できるのではないだろうか。

父

母が父に成り代わる

日本の学校には大抵、父兄会という組織がある。いや、あったというべきだろう。子供のころ、今日は父兄会があると聞くと、嫌な気分になった人も多いのではないだろうか。父兄会が終わって親が家に帰ってくると、学校で何をやっているんだ、勉強しなくちゃ駄目じゃないのと、小言をいわれるのが決まりのようになっていたから。

授業参観にも父兄がやって来たが、教室の後ろに並んだ父兄は、ほとんどが母親であり、お母さんの会なのに、なんで父兄会というのだろうと疑問に思ったことがある。先生や親たちもそう思ったのだろうか、いつの間にか父兄会という呼び方はしなくなり、父母会から保護者会というようになっている。最近の辞書で父兄会を引くと、「保護者会の旧称」と出ている。「保護者会」を見ると、「学校の児童・生徒の保護者が、学校と家庭との連絡を図り、教育の効果をあげるために行う会合。父母会。父兄会」などと書いてある。

仕事一途の昔の父親と比べれば、現在の若いパパたちは子供の教育にも熱心だというから、父母会というのは多分実態に即した命名なのだろう。同時に父兄という男だけの会のような呼び方が女性蔑視と思われたことも影響しているだろう。そんな発想が保護者会という性別や親子関係をうかがわせない呼称にも現れている。

しかし「父兄」という言葉には、ちゃんとした来歴がある。父子兄弟という熟語があり、学校で学ぶ年少者を「子弟」というのに対して、彼らを保護・監督する立場にある年長者を「父兄」と呼んだのである。言葉の成り立ちからいえば、子弟に対しては父母や保護者ではなく、父兄でなければならない。

漢字は男女平等思想の生まれるはるか以前に成立しているから、女性に対する考え方が現在と違うのはやむを得ない。

「父」という字は、手に指揮棒を持つ形といわれ、一族を指揮する族長の意味から父親を表す文字になった。これに対して「母」はひざまずいて手を重ねた「（女）」の胸に、乳房を表す点を二つ付けた形。つまり子を産み育てる女性という意味なのである。

きょうだい関係でも象形文字として初めに作られたのは兄と弟であり、兄は人の上に口を書き、口を使って弟妹を指導することを表した。弟は矛の柄になめし革を下から順に巻き付けているさまで、順序を表しており、そこから弟を意味することになったという。ところが姉や妹は女へんに音符を組み合わせた形声文字であり、象形文字の兄弟よりは後に作られたと思われる。ということは姉妹の文字が生まれる以前は、父と母がおり、子供は兄、弟と、後は女たちであったということになる。

漢字は随分封建的なものと呆れるかもしれないが、人間社会が男性中心に運営されていた長い歴史を考えるべきだろう。中国では古く父が子を産むという考え方があった。子供の源は父であり、母のおなかで育てられて生まれてくるという発想である。この考え方では母もまた父の一部であり、父と一体であった。ということは万一父がいなくなれば、直ちに一体である母が父に代わり、父になるということである。

父兄会に母が出席するのも、母が父に成り代わったからと考えてはどうだろうか。父母会と言い換えれば、確かに父と母は同列になり、母は独立した人格を与えられたように見えるが、一方で小さな一部、片一方の存在になってしまう。父という名の一家を代表し、まとめていく存在があり、母はその一部であり、同時に一体の存在であると考えることは、それほど無理なことではないと思うのだが。

時代により、地域により、そしてまた個人により、言葉はさまざまに変わっていく。それは当然のことだが、言葉の変化に対応して文字まで変えていくと、本質が失われる危険がある。父兄会を父母会や保護者会に替えることはできるが、父や母という文字まで差別的だといって取り替えることはできるだろうか。時代や言葉がどう移り変わろうと、母は子を産む存在であることに変わりはない。

近年、父権の復活ということが盛んにいわれるが、それは父権が失われているということの逆証明に違いない。女性が強くなったのではなく、父親を大切に思えばこそ母が取って代わったと考えれば、中国の古い思想は誠に真実を伝えているといえる。

圍

学習を支える環境と仲間

教育改革の一環として公立学校の学区制を緩めたり、撤廃する動きが始まっている。決められた狭い地域内の学校にしか進学できない従来のシステムを改め、広い範囲から自分の行きたい学校を選べるようにするのだという。一部の学校に人気が集中し、学校格差が広がるといった心配もあるようだが、行きたい学校に行けるようにするのは結構なことだと思う。

ある程度以上の年代の方なら、孟母三遷《もうぼさんせん》の教えをご存じだろう。孟子という人は中国・戦国時代の思想家だが、孔子の孫・子思の弟子に学んで儒学に通じ、やがて孔子の精神を継いで『孟子』七編を著した。孟子は孔子の生地に近い山東省の鄒《すう》の人だが、子供のころ、近くに墓場があったため葬式のまねばかりして遊んでいた。

それを見た孟子の母は、このままではいけないと、親子ともども市場の近くに転居した。ところが今度は市場に出入りし、商人の駆け引きをまねて面白がっている。折角引っ越したが、これでは立派な人物にはなれないと、再度転居して学校のそばに移った。すると孟子は礼儀作法をまねて遊ぶようになり、これこそ教育に最適の場所と、そこに定着したという。

孟子の母は教育熱心な人だったようで、後年、孟子が学業半ばで家に帰ってきてしまった折には、途中まで織り上がっていた機《はた》の糸を、目の前でばっさりと断ち切ってみせ、学問を途中でやめることはこれと同じだと戒めたという。これも孟母断機《だんき》の教えとして『列女伝』に記されている。

孟母三遷の教えは、教育環境の大切さを教えている。教育に必要な条件が三つある。手本（先生）と、囲い（場所）、仲間である。ここでは囲いと仲間、つまり教育環境について考えてみよう。

最近の子供は小学生のうちから子供部屋をあてがわれ、立派な机や明るい照明器具、数多くの参考書類が用意されているが、部屋に籠もってもテレビゲームばかりやっていて、ちっとも勉強しないというのが親の嘆きである。蛍の光、窓の雪明かりを頼りに勉強した古人と比べれば、恵まれすぎた環境ではあるが、必要なのは物理的な環境だけではない。

独立した校舎を持つ学校であれ、ビルの中の書道や絵画の教室であれ、そこは独自の教育理念や方針によって運営される教えの場である。専門の教師が配置され、生徒はそこに学ぶためだけにやってくる。ドアが閉められれば、そこは純粋に教育の場として外部から遮断された空間、囲いなのである。

「囲」という字は「圍」が正字だが、国がまえの中の「韋」は口の上下に左右逆向きの足を配した文字。国がまえは囲むことを意味しており、足すなわち兵隊を配置して城を囲み守ることであるという。つまり教室は見えざる兵によって守られた教育の場と解釈することができる。教室の中には手本（教科書）があり、先生がおり、真剣に学ぶ生徒たちがいる。見えない兵隊が遮断しているのは雑音や雑念、遊びの誘惑といったらいいだろうか。

勉強する場、囲いが必要な理由は、もう一つ、そこにともに学ぶ仲間がいるからである。一人で勉強していると、どうしても甘えが生じたり、独断に陥る。仲間と議論し合うことで、自然に自分も磨かれ、互いに励まし合う友情も生まれてくる。ただし、その仲間にも三種あり、良い仲間を選ばなければならない。

学ぶためには教養あるいは理性と情熱が必要である。理性も情熱もない仲間は全くの論外。最も望ましい仲間は教養・理性があり、情熱も持っている人。こういう仲間となら必ず向上できる。次は理性はあるが情熱のない人。知識を持ち、冷静だが、それだけに先生や仲間を馬鹿にして、真剣に学ぼうという姿勢のない人である。こういう人は結局ものにならない。ともに学ぶに足りない仲間である。最後に教養、理性は乏しいが、情熱だけは溢《あふ》れている人。二番目のタイプより好ましいように見えるが、自分の思い込みだけでがむしゃらに突っ走る傾向があり、世の中の害になることはあっても、学ぶ仲間としては不足である。

学区制撤廃で好きな学校に行けることは現代の孟母にとっては朗報だろうが、

世間の噂や進学率だけを頼りに学校を選んだのでは、本当に良い環境を見つけることはできない。優れた教師がいるか、勉強にふさわしい教育方針、理念を持った場所であるか、理性や情熱に溢れた生徒たちが集まっているか。この三つをしっかり確認して選んでほしいものである。

稽

誠の花を学ぶ

稽古事といえば、茶道、華道や琴、三味線といった邦楽などを指すことが多い。子供のピアノ、バレエなども稽古と呼ぶ時期があったが、最近では横文字のレッスンや練習という方が一般的だろう。お茶やお花、邦楽も町のお師匠さんの家に稽古に通う人はだんだん少なくなり、カルチャーセンターの講座で学ぶのが普通になって、稽古事のイメージは薄れてしまった。稽古という言葉はすっかり古めかしい響きになり、未だに「稽古、稽古」と日常的に叫んでいるのは、相撲や剣道の世界くらいだろうか。

稽古という言葉は、孔子が編纂したといわれる中国最古の経典『書経』にもある古い言葉である。稽古の「稽」は「禾」と「尤」と「旨」に分解できる。

『説文解字《せつもんかいじ》』によると、この字の「禾」は稲の意味の禾ではなく、曲がった木のことで伸びないという義、「尤」は手からものを取り落としたということで、両方ともに留める意味を表しているという。旨は音符であり、結局「稽」は、留めること、転じて、考えることを表している。

つまり稽古とは古《いにしえ》を考える、と読むことができる。昔の物事を考え、調べるという意味なのである。そこから広がって現在一般に理解されている、ものごとを習う「練習」の意味と、学んだり習ったりしたことを練習する「復習」の意味に使われるようになった。したがって、稽古という言葉を全体的にとらえれば、古くからのものごとを考え、学び、そこから得たものを繰り返し練習して身に付けるということになりそうだ。

稽古というのは「ちょっとそこまでお稽古に」といった軽々しい言葉ではなく、本来は生涯をかけて積み重ねていく厳しい修練をいう言葉だったのである。そういう意味での稽古の厳しさ、奥の深さを今に伝えるのが、一般に花伝書といわれる世阿弥の『風姿花伝』である。

七編からなる能楽論だが、その最初に据えられているのが「年来稽古條々」。七歳　十二、三歳　十七、八歳　二十四、五歳　三十四、五歳　四十四、五歳　五十有余歳と、能役者の生涯を七期に分けて、それぞれの年代ごとの修業、稽古のあり方を説明している。

その中で、十二、三歳になると稚児姿の美しさと声の良さが相まって大変はなやかに見えると評価した後で、「さりながら、この花は、誠の花には非《あら》ず。ただ、時分《じぶん》の花なり」と釘を刺している。稽古と工夫を極めた末の散ることのない花（感動を呼び起こす魅力）ではなく、年齢によって現れ、年齢が過ぎれば散っていく花だというのである。

さらに二十四、五歳でスター誕生ともてはやされても、それは「年の盛りと、見る人の、一旦の心の珍しき花なり」。これまた珍しい時分の花に過ぎず、一時の人気を誠の花と勘違いせず、いや増しに稽古しなければならないと戒める。そして四、五十代になれば身の花（身体的美）も外目《よそめ》の花（観客の目に映る美）も失せてしまうが、それでもなお観客を感動させうる魅力は残るもので、それこそが年齢や容姿などに左右されない誠の花だという。

「秘すれば花、秘せねば花なるべからず」とされた『風姿花伝』は長く観世家、金春家などに秘蔵されていたが、明治の末になって公刊され、以来、能楽だけでなく幅広い芸術論として読まれるようになった。『風姿花伝』を読むと、誠の花の得難さ、稽古の奥行きの深さがわかってくる。逆に現在もてはやされている流行歌やベストセラー本、ヒット商品などの数々が、あれもこれも皆、時分の花ではないかと思われてくる。

鑑賞者、消費者として時分の花を楽しむのは結構だが、自分自身に立ち返ってみると、時分の花に酔いしれるのはいかにもむなしくはないだろうか。高齢社会、生涯学習、美しく老いる……そんな言葉を聞くにつけ、心豊かな晩年を迎えるためには、人生の誠の花を求めて稽古を重ねなければいけないとつくづく思い知らされる。人生の誠の花を教えてくれる稽古場？　これればかりは町のお師匠さんやカルチャーセンターで手軽に、というわけにはいくまい。

負

負けを認めるのが「自負」

「自負」という言葉がある。「負」という文字は人と貝を合わせた文字で、人間が貝（財宝）を守り、心強く頼みにしていることだという。そこから、たのむ、たよるの意味が生じ、自負は自分の才能や仕事に自信や誇りを持つこと、の意味になる。

しかし「負」は負担、負債などの熟語があるように、おう、になうの意味もあり、もっと一般的に勝負の負、つまり、負けることでもある。自らに誇りを持つことも大切だが、逆に自負を「負けることを自らにす」、素直に自分の負けを認めることと考えてみたらどうだろう。

個性が何よりも大切な時代であり、自己中心主義がまかり通る世の中だから、自分が負けるなんてとんでもない、勝手な解釈をするなと叱られそうだが、自分と同レベルの競争相手に負けるというのではない。あんな奴に負けるなんてと思えば、腹も立つだろうし、情けなくもあるだろうが、そんな相手ではない。絶対に近い本物、とても太刀打ちできない存在、そういう存在だとしたら、どうだろうか。

誘惑に負けることを例に挙げてみよう。女性なら装飾品には目がない。イミテーションだが素敵なイヤリングが、思いのほか安いのにつられて買ってしまう。ところが安物はしょせん安物。ちょっと見には素敵だったが、しばらく身に付けているうちに飽きがきて、なんでこんな物を買ったのかと自分に腹がたってくる。

しかし本物のダイヤなら違うだろう。ダイヤモンドの持つ絶対的な輝きに参ってしまえば、高い買い物と思っても、負けて身に付けている自分を納得させることができるのではないだろうか。とてもかなわない魅力を持った、憧れ続けるものを持つことは、たとえ自分が誘惑に負けたからだとしても、安心して身を委ねていられるはずである。

間貫一《はざまかんいち》ではないが、男性陣からは「ダイヤモンドに目が眩《くら》むなんて」と反論もありそうだから、自負、自分が負ける対象を、もう少し広げて考えてみよう。時間をずうっと遡って、三千年、四千年と人類が築き上げてきた伝統ならどうだろう。一個人ではとても太刀打ちできない大きな存在である。家族、地域、国家という社会構造、衣食住を楽しみ自然に親しむといった生活様式、あるいは古代から伝えられた多くの知識や文化遺産。それらすべてが、人類始まって以来、受け継がれてきた伝統のもたらすものである。

それだけ大きな存在ならば、参りましたと頭を下げても、悔しくもないだろう。書を学ぶ字書きの立場でいえば、甲骨文、金石文から篆書《てんしょ》、隷書《れいしょ》、楷書《かいしょ》と変遷してきた文字がそうであり、文字を芸術にまで高めた王羲之《おうぎし》の書に伝統の重さを実感する。伝統の最高峰である王羲之の書を前にすれば、素直に負けを認め、ひたすらまねる以外にないと感じざるを得ない。

いや、伝統など破壊してこそ新しいものが生み出せるのだという元気な人たちもいる。新興、アバンギャルドという言葉もあるように、芸術の世界ではとりわけ伝統破壊の指向が強い。しかし二十世紀に芽生えた新興芸術の多くは今世紀以降も新たな伝統として生き残るだろうか。モダンのあとにポストモダンを打ち立て、その後はどうなったのだろう。それよりもアバンギャルド、伝統破壊を言い立てる芸術家の多くが伝統を踏まえた上で、それを乗り越えようとしていたのではなかったか。

孫悟空の話はご存じだろう。お釈迦様に「私の手の中から飛び出ることができるか」と問われた悟空が、「お安いご用」と一飛び十万八千里という觔斗雲《きんとうん》で世界の果てまで飛び、柱に証拠の文字を書いて戻ってきた。「どんなもんだ」と自慢した悟空がお釈迦様の指を見ると、自分が世界の果ての柱に書いてきたはずの文字が残っていた。伝統というものはお釈迦様の手のひらほど広く大きいものなのである。

人間は伝統を自覚し、伝統を踏まえることによって初めて、個として自立できる。伝統を無視し、伝統から逸脱した自負は、単なる自惚《うぬぼ》れでしかない。本当の自負は、伝統という大きな優れたものに潔く負けを認めるところから生まれてくるのではないだろうか。

評

批評を受け止める強さ

近ごろの世の中は何かと華やかになり、人の心も浅薄で軽々しくなってしまった。それに連れて歌もなんだかとりとめもないものばかりで……と書くと、最近のヒット曲を批判しているように思われるが、実は今から千百年ほど前、初めての勅撰和歌集として編集された『古今和歌集』の仮名序にある文章で、平安初期の和歌の現状を嘆いているのである。

厳しい批判と思われるが、いつの時代でも現状に対する反省、批判から新しい価値が生み出されるのであろう。歌に限らず、文章でも絵でも書でも、最近は真剣な批判、評論が薄れているように思う。人から批判されることを嫌い、批判する側も嫌われるのを恐れて言うべきことを言わない。その結果、心にもないお世辞だけがはびこり、仲間内の褒め合いの美辞麗句だけが飛び交う。そうなっては芸術のレベルは低下するばかりであろう。

『古今和歌集』の仮名序は紀貫之が書いたといわれるが、その仮名序に、『万葉集』のあと和歌が衰退していた時期に「その名聞こえたる人」として取り上げられたのが、平安初期の代表的歌人、いわゆる六歌仙である。僧正遍昭、在原業平、文屋康秀、喜撰法師、小野小町、大友黒主の六人で、紀貫之より一世代前の先輩に当たる。

天《あま》つ風雲の通《かよ》ひ路《ぢ》吹き閉《と》ぢよ
　をとめの姿しばしとどめむ
　　　　　　　　　　僧正遍昭

花の色は移りにけりないたづらに
　わが身世にふるながめせし間に
　　　　　　　　　　小野小町

名にし負はばいざ言問《こと》はむ都鳥
わが思ふ人は有りやなしやと　　　　在原業平

六歌仙の歌は『古今集』にも数多く採用されている。ところが紀貫之は、彼ら名のある先輩の作品を、仮名序で徹底的に批判しているのである。僧正遍昭に対しては「歌のさまは得たれども誠すくなし。たとへば絵にかける女《をうな》を見て、いたづらに心を動かすがごとし」、和歌の形にはなっているが、実がないというのであろう。続いて在原業平に至っては「その心余《あま》りて言葉たらず。しぼめる花の、色なくて匂《にほ》ひ残れるがごとし」と、さんざんである。

他の四人についても容赦はない。

文屋康秀「言葉はたくみにて、そのさま身におはず。いはば、商人《あきびと》のよき衣《きぬ》着たらむがごとし」

喜撰法師「言葉かすかにして、始め終りたしかならず。いはば、秋の月を見るに、暁の雲にあへるがごとし」

小野小町「あはれなるやうにて、強からず。いはば、よき女の悩めるところあるに似たり」

大友黒主「そのさまいやし。いはば、薪《たきぎ》負へる山人の、花の蔭《かげ》に休めるがごとし」

六歌仙に対してさえこれだから、それ以外の大勢の歌人に対しては、「歌とのみ思ひて、そのさま知らぬなるべし」、すなわち自分の作るのを歌だと思っているが、歌の本当の姿を知らないのだろうと切り捨てている。

紀貫之の批評の当否はわからないが、この時代に勅撰和歌集の序文で堂々と批判するには、批判する側にも相当の眼力と自信がなければできることではない。『古今和歌集』が和歌の古典として現代まで生き残っていることを考えれば、六歌仙を批判した厳しさが『古今集』の質を高め、その後の和歌の発展に寄与したことは否めないだろう。

批評の「評」という字は言《ごん》べんに平らと書くが、「平」は語気の調ってのびやかなこと、転じて広く平らかなことである。したがって評は議論して善し悪しを平らにそろえて決めることだという。ある作品に対して批判があり、それに対する反論が出て、侃々諤々《かんかんがくがく》の議論の末に定まった評価が、その作品の評判になるのである。

芸術の世界ばかりではない。最近、若い人たちを中心に、人から批判されることを嫌う傾向が強いと聞く。正当な批判にもかかわらず、文句を付けられたと思い込み、批判した人を恨み、攻撃する。「逆ギレ」というのは、そういうことを指すのだろうか。ちょっとした注意にも逆ギレすることを恐れて、褒めるばかりという親もいるようだ。子育てには確かに褒めることが大切だが、間違いは間違いとしてきちんと注意しないから、善悪のわからない人間がはびこるのだろう。

嫌われることを恐れて注意をしない。そんな風潮が社会生活から芸術の世界にまで蔓延するとしたら、やがて登場するのは裸の王様と、そんな王様をたたえる芸術家たちである。平安貴族と聞くと、どこかなよなよした人物をイメージしがちだが、彼らが千余年後の「令和貴族」たちの現状を知ったら、なんと骨のない者たちよと呆れるのではないだろうか。

不

文字に仕えた学者の涙

何かわからないことがあるときは辞典を調べるのが一番だが、辞典にも用途に従って種類がある。言葉の読み方、意味、用例などを調べるなら「辞典」、漢字などの読み方、原義などを知りたければ「字典」、さらに広くさまざまな事物について知識を得たければ「事典」ということになる。

わからなければすぐ辞典というのは悪くない習慣だが、辞典を絶対的と思い込んでいる人が少なくない。「辞典にこう書いてある」と言われると、納得しがたくても引き下がらざるを得ない。辞典の内容は専門学者の研究の成果だから、そう考えるのも無理はないが、本当に間違いないのだろうか。

試みに「不」という字を漢和辞典で調べてみよう。『大字典』によると、不の上の「一」は天であり、下の「不」は鳥の飛ぶ形。鳥が天に翔《か》け去って下りてこない意であり、転じて打ち消しの義とある。しかし『康熙字典《こうきじてん》』などでは、不はふくらんだ花の蕚《がく》を写した象形文字と説明してある。

『康熙字典』は十八世紀初め中国で編纂された四万七千余字を収録する字典であり、一方、『大字典』も栄田猛猪《さかえだたけい》氏が命をかけた不滅の業績といわれる。どちらの解釈が正しいかは別にして、日中両国を代表するような字典でさえ、異なった解釈をしていることは心得ておいた方がいい。

辞典は編纂にあたった学者の研究成果だが、必ずしも研究の最終結果ではなく、研究途上の成果と考えた方が間違いがない。だから辞典を利用する場合には手元の一冊を絶対視せず、何種類かを比較検討して、自分なりの理解をすることが大切なのである。

このことは、しかし辞典を尊重しなくていいということではない。多くの人に利用されている辞典ほど、編纂者の並々ならぬ研鑽、努力によって作られている。私たちはふだん、必要な項目だけを拾い読みしているが、一度、序文から跋文《ばつぶん》までじっくり読んでみれば、そのことがよくわかる。

講談社の『大字典』には、大正六（一九一七）年、『大字典』創刊時の栄田猛猪氏の跋文から、昭和四十（一九六五）年「新装A五判再刊に際して」と題する子息、栄田一郎氏の跋文までが載っている。「国語に関する書庫にして最完備せるは、東京帝国大学文科大学国語研究室なり」で始まる創刊時の跋文には、研究室主任の上田万年博士の下で国語研究を始めてから、『大字典』出版までのエピソードが語られ、文語体で語られる難事業の経緯は、読んでいて思わず涙がにじむほどである。

明治四十（一九〇七）年八月に稿を起こして以来十一年、毎朝五時に起き十時に寝るまで「寝ては夢み、寤《さ》めては書く」日々。印刷に際しても活字のない文字が多く、新たに彫刻した木版は数万本、校正も少ないもので六校、多いのは十二校に及び、わずか八ページの校了に四カ月を要したという。それほどの苦労の挙げ句、大正四（一九一五）年、印刷工場が「祝融の禍（火災）」に遭い、原稿もすべて焼けてしまったかと落胆したが、字書の原稿は全く被害がなかった。出版社、印刷工場が字書編纂の難事業ぶりを知り、万一に備えて煉瓦造りの耐火家屋で作業し、原稿も金庫の中にしまっていたからだった。

栄田氏の周囲の協力ぶりも大変なもので、兄の浜田民之助さんは大事な校正を他人任せにはできないと、職を捨てて京都から上京、「終日終夜校正刷に眼を暴《さら》して」、とうとう目が見えなくなってしまったという。跋文の最後の四分の一は編纂中に逝去した祖母と母への思いを語る異例の文章であり、「忽《たちま》ち誤つて私親追懐の涙に咽《むせ》ぶ。平生の鬱懐迸《ほとばし》るところ、抑へんとして抑ふる能《あた》はざればなり。希《ねがわ》くは諒《りょう》せよ」と結んでいる。

大正十（一九二一）年に増補訂正、十三（一九二四）年に復興版を出しているが、この版の跋では、大字典を縮刷した三六版《さんろくばん》を作ることになり大正十二（一九二三）年春に原稿を書き上げたが、九月の関東大震災で印刷所や工場も壊滅し、「既成大字典並に縮刷大字典も、その紙型凸版一切灰燼となり了《おわ》んぬ」と書いている。その後、昭和二（一九二七）年には、三六版より文字を大きくした四六版に改版しているが、このときにも製版印刷にあたった武木勝治郎さんが

「廓大鏡《かくだいきょう》下に不明活字の修正と、文字熟語の挿入洗練に、昼夜の別なく惨憺として苦心経営せられ、遂に右眼を病むに至られ」たという。

『大字典』は昭和十七（一九四二）年、戦時中の用紙統制などのため絶版となったが、昭和三十六（一九六二）年、ほぼ二十年ぶりに新装A五版として再刊、翌々年正式に復刊した。しかし栄田氏は復刊刊行を待たず前年五月、八十四歳で世を去った。

一冊の字典が世に出るにも、これだけの年月がかかり、編纂者、協力者の多大な犠牲を伴っている。内容を絶対視することはできないが、文字や言葉に仕えた学者の労苦を、時には思いやるのが礼儀というものだろう。

第五章
点は一生

字

文字に表れる自分

スマートフォンの普及で手紙を書く機会もめっきり減ってしまったようだ。その上、パソコンを利用する人が増えているから、手紙を書くにしても、ペンで直接文字を書く人は少なくなり、ましてや毛筆で書くなど、今では時代遅れと感じるかもしれない。

せめて年賀状や暑中見舞いくらいは肉筆のものをと願うが、いざ書くとなると、書道を学んでいる人たちの間でも、これがなかなか難しい。少しでも美しく、きちんと書こうとするのだが、はがきを無駄にするわけにもいかず、書き上げたものの中にも、自ずと上手下手ができてくる。たいていの人は、自分でもあまり気に入らぬものを親族や親しい友人などに出し、一番よくできたのを目上の人や先生に出すようだ。

私も書を学ぶ方々から賀状などをいただく。おそらく最もうまく書けたものを送ってくださるようだが、「あまりうまく書けなかったのを、私のところに出してください。皆さんの字は知っているし、それだからこそ勉強しているのだから。外部の人はそうではない。書道を習っているのにと思うだろうから、よく書けたものは、そういう人たちに出してください」と、いつも言っている。

人々が肉筆を面倒がり、書いたとしても、これほどまでに気を遣うのはなぜだろう。「見た目や、言っていることは格好いいのに、なんだ、こんな字を書くのか」と思われるのが嫌だからではないだろうか。字など下手でもかまわないと考えたいところだが、実際、恋人からもらったラブレターが、想像以上に悪筆だったり、乱暴な文字でつづられていれば、百年の恋も一時に冷めることもあり得るだろう。

「○○は人なり」という言い方をするが、私は師匠に「書は人なり」と教わった。自分を何で証明するのか。自分の姿を鏡に映しても自分が映っていると思ったら大間違い。鏡は中身までは映せないだろう。では本当の自分はどこに現れるのか。その人の書いた文字である、というのである。

日本ではまだ印鑑が幅をきかせているが、欧米では本人の証明はサイン、つまり自分の書いた文字ではないか。文字には書き癖だけでなく、本人のすべてが現れるから、最も簡単な自己証明の方法として使われている。「太陽がいっぱい」という映画で、金持ちの友人を殺した主人公が、友人のサインをまねる練習をするシーンがあった。練習すれば他人のサインに似せることはできるが、それでも筆跡鑑定をすれば隠しきれない本人の特性が浮かび上がってくる。中国のことわざでも「筆跡は第一の顔」というくらいである。

筆跡は本人そのものであり、その人が変わらない限り変わらない。数十年ぶりに小学校の友人から手紙をもらっても、机を並べていたころ、何度も見せてもらって記憶にある字の痕跡が明瞭に残っており、あの人の文字だとすぐにわかる。逆もまた真なりで、筆跡が変われば人間も変わる。

書道では、正しい手本をひたすらまねることが求められる。まねばかりさせるから書道は嫌いだという人もある。しかし、まねて、まねて、自分の字が消え、筆先から自然に手本と同じ字が出てくるようになったとき、書いた人もまた大きく成長した別の人間になっている。

手本を書いた先生と同じ人間になるのではない。手本とそっくりそのままになったと見えても、よくよく見れば、書いた人の特性が否応なくにじみ出ている。独創は模倣の繰り返しによる成果なのである。だからこそ「書は人なり」であり、手習いを重ね筆跡を整えることによって、自分という人間をも成長させることができるのではないか。

書くは「搔く」に通じる。爪で引っ搔く、文字通りの手書きである。下手な肉筆よりパソコンを使った活字の方が、きれいで読みやすいと思うだろうが、活字は意味は伝えても心を入れることはできない。だから、活字の書類や手紙は用がなくなれば平気で破り捨てられる。肉筆、手書きの手紙だったらどうだろう。書いた人の心が込められている肉筆は、書いた人そのものを捨てるような気がして、私にはとても破ることなどできない。

とりあえずは下手でもかまわない。面倒がらずに、まごころを込めて一字一句、丁寧に手で書く気持ちこそ大切なのではあるまいか。

手

始末の悪い達筆

書道展をご覧になったことがある方は、残念ながら、あまり多くはないだろう。草書《そうしょ》などは何が書いてあるかわからないし、楷書《かいしょ》でも難しい漢字ばかりで意味がわからない、何よりも文字ばかりでつまらない。書に関心のない方の一般的な感想を聞けば、そんなことになろうか。それでもプロの書家の書いたものなら味わいもあり、十分鑑賞に堪えるはずなのだが、現実には書家の書いた字は面白くない、嫌いだという人が少なくない。

逆に字を書くことが本業ではない文人の書体に人気が高く、是が非でも手に入れたいという人までいる。代表の一人が江戸後期の禅僧で歌人の良寛である。良寛が和歌を書いた遺墨はかなりの数が残っているが、自由で飄々としており、

「無私と艶の混交する筆跡」などと評される。

では書家には良寛のような味わいのある字は書けないのかといえば、決してそうではない。本物の書家ならば、良寛のような味わいのある字であろうと、見て面白いと思うような字であろうと、きちんと整った書体であろうと、必要に応じてどんな字でも書ける。

逆に良寛には良寛の字しか書けない。いくら味わいがあっても自分の字しか書けないのが書のアマチュアなのである。プロの俳優がどんな役でもこなせるように、およそ字と呼ぶものならどんな字でも上手に書けるのが字書きのプロ。書家の書がつまらないといわれるのは、厳しい修練を積んだ本物の書家が少なく、書家という名のアマチュアが大半を占めているからだろう。

書の世界では、筆跡を先天的なものと後天的なものに分けて考える。書を習うということは手習いを繰り返して先天的なアマチュアの筆跡を追い払い、理想とする後天的なプロの筆跡を獲得していくことなのである。書を習う前の先天的な筆跡の特徴を上げれば悪筆、乱筆、拙筆、速筆、達筆の五種類になる。

「悪筆」開き直って、つつましさが見られず、見るに堪えない。書いている本人には悪筆の自覚がない。

「乱筆」酔っぱらいが歩いているようでまとまりもなく、内容も支離滅裂。手紙に「乱筆お許し下さい」などと書くのは本当は失礼千万なのである。

「拙筆」読めるし、わかるが訓練をしていない幼稚な筆跡。教養のある人によく見られる。

「速筆」裸足で駆け出しているようなあわてた筆跡。誤字脱字も多く、字の暴走族。

「達筆」ちょっと見はよく世間も褒めそやすが、自分の意志が丸見えで用件を達するだけ。書家に多く、それ以上習おうとしないから最も始末が悪い。


自分の字が、これら先天的な筆跡のどこにあるかを自覚し、手本をひたすら写し、手に覚えさせていくと、後天的な筆跡に変わっていく。これも正筆、麗筆、名筆、優筆、妙筆の五段階に分けられる。

「正筆」心を無にして、一点一画丁寧に手本のまま習い込んでおり、習い初めの根本である。

「麗筆」正筆の段階を過ぎ、心を打たれる麗らかな透明な美しさを持った筆跡。

「名筆」厳しい手習いの修練を繰り返した末の、古今に通じて誤らない名だたる筆跡。

「優筆」名筆中の名筆。かけがえのない優れた筆跡であり、書家の憧れである。

「妙筆」精妙入神《せいみょうにゅうしん》、神のごとく常人の及びもつかない境地。古今独歩の王《おう》羲之《ぎし》以外にはあるまい。


正筆、麗筆を目指して努力し、そこに徹することで自ずから眼識が備わり、それによって初めて名筆、優筆、妙筆を発見、感得できるのである。達筆が最も始末に悪いなどといわれては、字を書く気力も失せてしまうだろう。アマチュアはアマチュアなりに、できるだけ美しい字を書くには、何に心がけたらいいのだろうか。

筆はふみて（文手）が転じた言葉といわれ、元は竹かんむりのない聿《イツ》、手で筆を持った形である。また習字を手習いといい、筆跡は手、書簡は手紙、書いた文字のうまい、へたも上手下手と書くくらい、文字と手とは切っても切り離せない関係にある。

文字を書くというのは、頭の中にある言葉を手に伝えて筆跡に表していくことである。対象に対する自分の思いを言葉にし、思いを手に伝えて書くからこそ、書は人なりで、その人ならではの筆跡になる。

その際、頭で考える速さを上回ったスピードで手を動かしてはいけない。歩き方や話し方、立ち居振る舞い、あるいは能や茶道でも、ゆっくり丁寧にするからこそ美しく見える。点前を二倍、三倍の速さでやったら手品でも見ているようで落ち着かないだろう。書くこともそれと同じ。ゆっくり丁寧に、しっかりと書くことが美しさの基本である。

技

基本にこそ技あり

相撲の醍醐味は土俵中央ががっぷり四つに組んで押し合うことにあるらしく、四十八手といわれながら、結果は押し出し、寄り切りといった一見単純な決まり手になることが多い。だからこそ多彩な技を見せる力士が登場すると、業師などと呼ばれ、異能扱いされるのだろう。しかし素人目にはわかりにくいが、押し出しのような単純に見える決まり手も、実は複雑な技の駆け引きの集積に違いない。

技術という言葉を辞書で引くと「物事をたくみに行うわざ。技巧。技芸」とある。また「技術的」をみると「本質的・原理的な面は別として、実際の運用・運営の面にだけ関するさま」と説明している。ふだん私たちが使っている技術という言葉は、小手先の技術とか、テクニックを弄するとか、本質とは関係のない表面的な手業と理解されることが多いようだ。確かに技術の「技」という字は手へんに支で、手で細かく分ける、細かい手業といった意味である。

そんなところから、技は軽視されがちだが、歩くことから始まって、料理でも裁縫でも、建築でも書道でも、人間の営みはすべて基本的な技を組み立てて行われている。ところが多くの場合、組み立て方ばかりを技と考え、元になる基本的技術のことを忘れているのではないか。

ここに林檎と西瓜とトマトがあるとしよう。中身を技、外見を技の組み立てとし、真っ赤なものこそ純粋で本物と考えていただきたい。林檎は中身（技）は白いのだが、切ってみなければわからないから、外見（組み立て）の赤さだけを見て本物と賞賛される。西瓜は逆に中身は赤いのに、表面が青いから評価されない。技も組み立ても真っ赤なトマトこそ紛れもない本物ということになる。技は表面に現れないから理解されにくいのである。

書道でいえば、横棒、縦棒、点の三つが基本的な技術である。棒の引きよう、点の打ちようがきちんとしていなければ、それらを組み合わせて書き上げる文字の形もしっかりしたものにはならない。書道の習い始めにひたすら横棒や縦棒を引かせたり、点の打ち方を学ばせるのは、基本の技術をしっかり身に付けるためなのである。

同じことを繰り返す単純さに初めはうんざりするが、楷書《かいしょ》を書き隷書《れいしょ》を書き、行書《ぎょうしょ》、草書《そうしょ》もとひと通り書を書けるつもりになったころに、皮肉なことに線の引き方、点の打ち方の基本がいかに大事かを思い知らされる。先生の書く線とは同じように見えて、全然違う。私もかつて「目で触るんだ、手で見るんだ、頭で書くのだ」と教えられたが、その意味がわからなかった。あるとき石屋さんが碑文を彫っているのを見て気がついた。

たった一本の線を彫るのに何時間もかかる。よく見ると点を彫りながら、それをつなげて線にしていく。なるほど石に彫るようにして書けばいいのかなと納得したものである。点をいくつもつなげて線にすることで、見た目に大きく映る。文字の中の小宇宙とでもいうべき空間を含んだ膨らみと立体感が、深みとなって見る者に訴えてくるのである。

古い言葉で俳優のことを「わざおぎ」という。わざ（技）の原義は神意、威力ある神霊で、おぎは「をぐ（招く）」の名詞形だという。わざおぎとは神霊を招き寄せる呪術だったのだろう、『日本書紀』に「天鈿女命《あめのうずめのみこと》……巧作俳優（たくみにわざおぎす）」とあるのが最初だそうだ。

あるいは俳を姿、優を形と説明する場合もある。俳は姿、つまり素形であり、元来持っている素質、優は形、つまり作り上げたものである。本来持っている素質や技術を練り上げて形にしなければ、いい形、優れた演技はできないということである。

書家や俳優だけではない。基本的な技術は、生活のあらゆる場面で見つけることができる。料理なら包丁がちゃんと使えるか、米をきちんと研いでいるか。誰でも包丁は使えるし、米を研ぐのも容易なことだが、プロの料理人の仕事ぶりを見ていれば、包丁の使い方、米の研ぎ方一つとっても、素人の仕方とは微妙に違うことに気づく。

特別なことではない。人間として当然の行いに深い人が「技」のある人であり、レベルの高い人ということである。約束を守る、時間を守る、人を愛する、そういう基本の差異がよりよい生き方につながる。それだけのことなのだが……。

丶

点は一生

「点」と聞いたら何を思い浮かべるだろう。多くの学生や生徒たち、また野球やサッカー、バスケットボール、あるいは体操やスキーのジャンプなど得点を競うスポーツの選手なら、まず点数のことを考えるだろう。スポーツ選手にとっては、点数は競技の結果、努力の結晶、勝敗を決する大事なものである。勉強が嫌いな受験生にとっては不愉快なものだろうか。ときには一点差で合否が分かれるのだから、天国と地獄の分かれ目を決める重要なものでもあるだろう。

しかし、点と聞いて「、」、この文章の読点のような点を連想した人は、極めて小さな、些細な価値のないものと思うだろう。小さいどころか、数学者に言わせれば幾何学上の点は位置だけあって大きさのないものである。

「点」も「丶」も現代の私たちにとっては同じテンだが、漢字としては別個の文字であり、本来の意味からいえば、「点」より「丶」の方が大きな意味を含んでいるのである。

「点」の正字は「點」で、テン、センと読む。小さい黒い汚れの意味であり、だから「黒（黑）」を書く。ちなみに黒の元の形は「⿱罒炎」で、炎が窓から出て、くすぶって黒くなることを示した文字である。黒という字の四つの点は火を意味している。

一方「丶」もちゃんと漢和辞典の部首に登録されている。一画の部首を見ていくと「一」や「丨」と並んで「丶」が見つかるはずだ。日本では「てん」「ぽち」「ちょぼ」などと読むが、音《おん》はテンではない。キスの音のような「チュ」。丸や丹、丼などの字が、この部首に含まれている。一説によると「丶」はやはりこの部首の仲間である「主」の古い形であるという。

主は燭台に火が燃えている様子を写した象形文字で、王の字が燭台、上の「丶」が灯心を表している。そこからものごとの中心、首脳の意味になった。

チュ（丶）自体は今では点としてしか使われないが、元々は燃え上がる情熱の炎、火であったというわけである。

小さな点でしかないが、文字としての「丶」は、ものごとの中心というだけあって相当な難物である。とりわけ書の世界では「点は一生」といわれ、きちんと書くには縦棒、横棒より勉強が必要とされる。活字の「丶」は一画であり、筆先を紙の上にチョンと置くだけでいいと思われるが、書では七画で書く。筆先を紙につけて一画、押し込んで二画、三画、四画、引き上げながら五画、六画、七画と書くのは、とてもちょんの間に書ける文字ではない。

しかも、点の書き方には直、立、平、逆の四種がある。「直」は読点のように起筆から右下へ四十五度に書く点、「立」はまっすぐ下に下ろす点、「平」は横に描く点、そして「逆」は蔵法ともいわれ、筆先を反対に倒して点の中に起筆が隠れてしまう書き方である。

点の書き方に加え、さらに難しいのが、点をどこに置くかである。とりわけ重要なのが第一筆の点の置き方。まだ何も書いていない紙の上に点を一つ打つことで、文字全体の配置、構成が決まってしまうからである。文字全体の字配りを考えてからでなければ、点は打てない。例えば「文」、「字」や「決」などの文字の書き出しが、それに当たる。一方、「点」の字の下の四点、「穂」の下の心の点などは、文字の形を最後にどう整えるか、複数の点をどう書き分けるかが問題になる。

さらに書道で点が大事なのは、すべての文字が点から成り立っているからである。数学上の線は点の移動や面の交差によって生じるとされるが、文字の世界でも字を構成する縦棒、横棒などすべての線は、点をつなげることでできあがっている。「一」という字一つを書くにも、まず点を打ち、それを右に引いて一にしていく。最初の点を打つ位置、角度も問題だが、それをどう引いて線にしていくかが大切なのである。

中国の古いことわざに「毫釐《ごうり》も差あれば天地遥かに隔たる」という。毫は細い毛、釐は日本語の厘《りん》で極小の数を表し、つまりはわずかなこと。点を右に引くときのほんのわずかなぶれが、先に行くと上下に大きな差になり、やがては天地ほども隔たってしまうということである。

たかが点一つ、線一本であるが、点の打ち方、線の引き方は書の基本である。真っ白な紙の上に最初の点を打つには、精神を集中させて一生懸命にならねばならず、思うように点を打てるようになるには、文字通り「点は一生、死ぬまで一生懸命」なのである。

見

手習いは目習いから

手習いといえば文字を書く練習、習字のことだが、「六十の手習い」のように学問、勉強一般のことをも指す。書道では手習いが大切なことはいうまでもないが、同時に「目習い」を欠かせない。

辞書にはない言葉だが、要するにものを見る練習、手本をしっかりと見る目を養うことである。そんなことは当たり前、ちゃんと見て書いてますという答えが聞こえそうだが、そういう人に限って書いたものを添削して渡すと、手本との違いに改めてびっくりする。

手本では上に上がっている線なのに逆に下がっていると見てしまう、あるいはわずか一ミリしか上がっていないものを一センチも上がっているように見る。

「心ここにあらざれば、見れども見えず」という。人間の目は興味のあることだけに集中し、しかも自分の見たいようにしか見ていない。あるがままに見るというのは、思いのほか、難しいことなのである。

「見る」という字は、一見しておわかりのとおり、目に人と同字の儿（ひとあし）を合わせた会意文字である。見るという意味を持つ「目」を含む文字には、視、観、看、覧、瞻《せん》などがあるが、それぞれ微妙に見方が異なる。「見」は確かに見ること、「視」はこちらからことさらに見ること、「観」はものを眺め見ることであり、視より詳しく念入りに見る。「看」は目の上に手をかざして見ること、「覧」は一通り目を通すこと、そして「瞻」は首をさしのべて見ることである。

目習いは「覧る」だけでは足りず、「視る」「観る」そして「見る」、何度でも手本を見ることが必要である。私も一字を小一時間見つめろと命じられたことがある。言われたとおり、じっと見つめ続けたが、目が痛くなるばかりで、何もわからない。正直にわかりませんと答えたら、わからないことがわかったかと言われた。ぱっと見てわかったつもりになっても、それは本当にわかったことにはならない、心で、精神で、死ぬ覚悟で見なければ、わかりはしないという教えだった。

川端茅舎《かわばたぼうしゃ》という俳人は初め、兄、川端竜子《りゅうし》の影響で絵画の道を志し、洋画家、岸田劉生の門下生になった。デッサンの勉強から始めた茅舎に、劉生は「凝視しなさい。一つの対象物を一時間でも二時間でも見つめなさい。今まで見えなかったものが見えてくるまで、そこから音が聞こえてくるまで凝視しなさい」と教えたそうだ。茅舎は後に病を得て絵画を断念、俳句に専念したが、劉生の教えを守って俳句でも写生に徹し、花でも山でも何時間も凝視して句作に打ち込んだという。

また文芸評論家の小林秀雄は、初めての人の原稿を読むときに、四百字詰めでわずか一、二枚ほどを一時間以上かけて読んだと聞く。原稿を書いた人の考え方や生い立ちまでを、その原稿から読み取ろうとしたからだという。当然、嘘やごまかし、過大な形容詞、論理のすり替えなどは即座に見破ったことだろう。まさに眼光紙背に徹するという読み方で、人間の目のすごさを思い知らされる話である。

川端茅舎や小林秀雄の時代と比べても、世の中の変化のスピードはますます速くなっている。もたもたしていては時代についていけないというわけだろう、若い人の間で「即行」という言葉が流行したことがあった。すぐにやる、早くしろということを「即行で」といった具合に使っていた。

そんな気分が充満しているせいか、書道でも初心者ほど、すぐに文字を書きたがる。手本をじっくり眺めてから、おもむろに筆を執ればいいのだが、ちらと眺めただけで、さっさと書いてしまう。学校でも生徒たちは、ちょっと考えてわからないとすぐに答えを知りたがるという。まず問題をしっかりと読んで、何を求めているのか、どう答えるべきかをじっくり考えてこそ正解が得られるはずなのだが……。

即行が必要な場面はいくらもあるが、基礎ができ、修練を重ねた末でなければ、臨機応変に即行することはできはしない。書道はもちろん、絵画、小説、あるいはサッカーなどのスポーツでも、促成ではろくな成果は得られない。手本となる作品、プレーをじっくりと納得できるまで目習いすることから始めなければ、上達は不可能なのである。

「即興こそが実力」であり、即興がそのまま芸術作品になるのは、まさに名人芸の極みである。

師匠がわずか五分で作品を仕上げるのを見て、驚く私に「七十年と五分だよ」と釘をさした。

順

縦に書いてこそ美しい

例えば、ちょっとしゃれた料理屋に入ろうとして、入り口に近づく。そのまま進もうとして、ドアが開かないのにびっくりして立ち止まる。そんな経験はないだろうか。自動ドアだと思っていたら、昔ながらの手動ドアだったのである。無精な現代人向きに、ほとんどのオフィスや店のドアが自動になってしまったので、こんな勘違いが起こる。

それと似た違和感を覚えるというのが、三代も四代も続いているような古い店の横書きの看板である。若い人が流麗なかな文字を一文字ずつ読んでいく。「や」「ん」「ら」「か」「ま」。何ごとかと見上げれば、右から「まからんや」と書いてある。私などは右から書くのが当たり前と思っているが、現代では左から右へ書くのが普通になってしまったから、若い人は勘違いしてしまうのだろう。

ドアが自動開閉になったのも、横書きを左から右へ書くようになったのも、長い歴史の中ではごく最近のことでしかない。ある程度の年輩の方なら、呪文もかけないのにドアが開くのにびっくりしたのが、ついこの間のことなのを覚えているだろう。横書きですら明治以降、横文字の文書が入ってきてからだろうし、ノートや手紙まで横書きが当たり前のようになったのは、戦後もだいぶ経ってからのことである。

現在でもそうだが、縦書きの文書は右から書き始めて二行目、三行目と左に移っていく。横書きだけ左から右へ書くようになったのは、横文字の影響であり、本来は横書きも右から左に書いた。というより横書きという発想はなかったのである。例に挙げた「まからんや」のような横書きも一行目が「ま」、二行目が「か」という一行一字の縦書きなのである。そう考えれば右から左へ書くのに何の不思議もあるまい。

日本語の縦書きは漢字の縦書きがそのまま移行したものだが、漢字がどうして縦書きになったのかは明らかではない。文字が生まれたばかりのころは、甲骨や金属に彫り込んでいたが、横線よりも縦線の方が彫りやすかったろうし、中心もとりやすい。その勢いに従って縦書きになったと考えるのだが、どうだろうか。甲骨文字の中には、文字の縦線だけを刻み横線がほとんど刻まれていないものがあるそうで、そのことから、まず文字の縦線だけを刻み、あとから横線を刻んだのではないかとの見方もできる。

文字が生まれてしばらくは定まった筆順はなかったが、やがて筆が発明され、木簡や竹簡、そして紙に筆で書くようになってから筆順が固定されてきた。縦線は上から下、横線は左から右、一つの文字は左上から入って右下に抜けるというのが筆順の大原則である。実際書いてみるとわかるが、この筆順だと横へつなげるより下につなげる方が書きやすい。縦書きが自然なのである。

ちなみに筆順の「順」の字にはしたがう、すなお、などの意味がある。「川」はすじめの連なること、「頁」のほうは人の頭の象形。合わせて逆らわずに従い巡る意とされる。筆順もまた自然で素直に書きやすくなくてはならないのである。

右から左へ行を変えて書き進むのも、木簡や竹簡を巻いた物は右に開くように作られたからという説がある。そういうこともあったろうが、左上から右下という筆順に従うと、右下で書き終えれば次は左上という筆の動きによるのではないだろうか。

同じ中国大陸でも筆順や書き進む方向の違う文字もある。中国・江永県墟郷というところの二十五の村には女性だけに伝えられた女文字がある。楷書を基に作られたといわれ、この文字も縦書きだが、一つひとつの文字は右上から左下に斜めに書かれるのが特徴だという。またモンゴル文字も縦書きは変わらないが、左から右へ書き進んでいく。理由は定かではないが、モンゴル文字はジンギスカンがウイグル文字を借用して作った文字であり、ウイグル文字はアルファベット系で横書きだったから、その影響ではないだろうか。欧米の学者はモンゴル文字を縦書きアルファベットと呼んでいるという。

会社員が書く報告書なども横書きが普通だし、パソコンの書式も横書きが基本になっている。ふだん見たり書いたりするものの多くが横書きになったからだろう、書の作品まで左から右へ横書きしたものが目につくようになっている。

しかし、繰り返すが漢字やひらかなは本来縦に書くようにできている。試しに草書体の漢字やひらかなを続けて書いてみていただきたい。縦にならスラスラとかけるが、横にはとてもつながっていかない。印刷媒体なら知らず、手書き文字はやはり縦に書いてこそ美しいのである。

卍

一文字に五通りの筆順

右という字を、あなたはどういう順に書きますか。まず横棒を書いて、次に左にはらう？　それでは左は？　同じく横棒を書いて左はらいですか。

古い文字を見てもらえば、正しい筆順を納得いただけると思う。右は「右」と書き、右手に口を加えた会意形声文字。対して左は「左」で、左手に工を添えて工具を持つ手、あるいは一と一をつなげる工夫を意味するのである。手の象形である曲がったフォークか鋤《すき》のような形の文字は先端のU《ユー》の部分から書き始める。となれば、右はUの字が左はらいになり、次いでフォークの柄の部分が横棒になる。逆に左はUが横棒にあたり、柄が左はらいになり、右とは筆順が異なってくることがわかっていただけるだろう。

現在は書き順ということも多いが、正しくは筆順というように、筆で文字を書くようになってから生まれた自然発生的なものだけに、一つの字でも複数の筆順を持つ漢字は少なくない。わずか三画の「上」という字ですら、短い横棒を書いてから縦棒を引く人と、縦棒を先に書く人がいる。

五画の「必」など筆順の混乱している字の代表だろう。学校では上の点を最初に書き、次に左はらい、続けて右にはらって左の点、右の点の順に習ったはずである。ところがまず左はらい、右はらいを書き、そのあとに上、左、右の順で点を打つ筆順、上の点、右はらい、左はらい、左右の点の順、左の点から右はらい、上の点、左はらい、右の点の順、左の点、右はらい、上の点までは同じだが、次が右の点で最後に左はらいと、五種類もの筆順が見られる。

最初と二番目が昔から伝えられている筆順なのだが、最後の書き方で書く人が相当いるとのことである。試みにあなたはどういう筆順で書き、周りの人たちはどう書くか聞いてみたらいかがだろう。

上から下へ、左から右へが筆順の大原則だが、自然に生まれてきたものだけに原則にはずれる場合もあり、それが複数の筆順を生む原因になっている。ところが小学校で複数の筆順を教えるのは混乱のもとと、昭和三十三(一九五八)年に文部省が一つの筆順に統一した「筆順指導の手引き」を刊行した。

もちろん教育漢字についてだけだが、原則を重視しているため一般に行われている筆順と異なる教え方をしている字もある。先ほどの「上」もその一つで、古くから短い横棒、縦棒の順だったが、学校では縦棒、短い横棒の順に教えており、こうしたずれも混乱に拍車をかけていると思われる。

上から下、左から右が大原則だといったが、縦棒、横棒が入り交じる「凸」「凹」「卍」など、多くの人が筆順に悩んでいるのではないだろうか。筆順に触れた漢和辞典を見ると、画数と部首を基準に筆順を説明している。

凸も凹も共に五画で、部首は二画の「凵」(かんにょう、うけばこ)である。部首は続けて一度に書く。従って凸も凹もかんにょうの部分は最後に二画で書くことになり、残された出っ張り、へこみ部分を三画で書けばいい。となれば凸は左上の縦棒、左の横棒、残った上から右にかけての横、縦、横を一筆で書いて、かんにょうを加えることになる。凹の場合も同様で、まず左側の横、縦、横を一筆で、次に縦棒、横棒で計三画、かんにょうを加えて五画である。

この手法に従えば、卍は六画で部首は二画の「十」。したがって真ん中の十に縦横四本の棒を加える形になる。まず左上の横棒、次に真ん中の十、続いて左下の縦棒、右上の縦棒、最後に右下の横棒の順である。しかし私たちが筆で書く場合は、左下の縦棒、真ん中の横棒、右上の縦棒を書き、最後に左上から右下にかけて横縦横と一筆で書いて、計四画。少なくとも筆で書く場合は、この方が美しく書けるし、自然でもある。

小学生時代に筆順を覚えられないで叱られた思い出を持つ人は、筆順なんかどうでも文字は書けるといわれると思う。それも仕方あるまい。

というのも明治の半ばまで、私たちの先祖は筆以外に筆記用具を持たず、書を習う以上否応なく筆順を学ばざるを得なかった。文字そのものは形に込められた意味を伝えるだけだが、筆で書く書は文字をいかに美しく表現させるかが重要であり、特に草書では筆順はそのために欠かせない合理的なルールだったからである。

やがてインクを付けたペンが導入され、鉛筆が普及してからも筆で身に付けた筆順は踏襲されたが、現代の子供たちは最初からボールペンや鉛筆で字を覚え、筆などほとんど手にすることもない。太さも曲線の描き方も自由自在の筆と比べれば、ペンや鉛筆は美しさよりも文字や絵を描く機能に重点を置いた筆記具である。筆順を踏まえていかに美しい文字を書くかなどという発想は、ペンや鉛筆からは生まれにくいのも無理はない。

毛

弘法は筆を選んだ

書の世界で三筆といえば平安初期の嵯峨天皇、空海、橘 逸勢《たちばなのはやなり》、三蹟といえば小野道風《おののみちかぜ》、藤原佐理《ふじわらのすけまさ》、藤原行成《ふじわらのゆきなり》を指す。江戸時代に入って黄檗宗《おうばくしゅう》の隠元《いんげん》、木庵、即非《そくひ》を黄檗の三筆、さらに近衛信尹《のぶただ》（三藐院《さんみゃくいん》）、本阿弥光悦、松花堂昭乗《しょうじょう》を寛永の三筆、幕末に至って市河米庵《いちかわべいあん》、貫名海屋《ぬきなかいおく》、巻菱湖《まきりょうこ》を幕末の三筆と呼ぶが、これら歴代の能筆家の中でも頂点に立つのは、やはり「弘法にも筆の誤り」とことわざにも伝えられる弘法大師、空海だろう。

空海は遣唐使とともに中国に渡って密教を極めた真言宗の開祖として名高いが、中国に渡る前、二十四歳のときの書に、既に王羲之《おうぎし》の筆法を踏まえた見事な筆跡を見せた能筆家であった。帰国後の書状『風信帖《ふうしんちょう》』は従来の唐風を脱した日本人ならではの書風を示して、書道発展の基礎を築き、日本書道の祖とすらいわれる。

「弘法にも筆の誤り」のことわざは、応天門の額を書いたときに点を書き落としたところから生まれたと伝えられるが、これも書聖とまでうたわれた名声ゆえだろう。

もう一つ、弘法大師の名筆にまつわることわざで有名なのが「弘法筆を択《えら》ばず」。「能書不択筆」という中国の言葉を日本流に翻訳したといわれるが、現実の弘法大師は筆についても当時最新の知識を持ち、大いに筆を選んだのではないかとみられる。というのも帰国した際、唐の製筆法を伝えたといわれ、嵯峨天皇に狸毛の筆を奉献したという書も伝世しているからである。

筆は秦の蒙恬《もうてん》が作ったといわれるが、それ以前から筆に類するものは使われていたらしい。現存する最古の筆は戦国時代の楚の墓から出土した長沙筆と呼ばれる兎の毛の筆である。日本でも七世紀初め、高句麗僧曇徴《どんちょう》が紙や墨の製法を伝えたといわれ、筆の製法も伝わったとみられる。正倉院には天平筆十七本が収められているが、こちらも兎をはじめ鹿、狸の毛を主体にしている。

筆先には兎、鹿、狸だけでなく羊、馬、犬、狐、鶏、雉《きじ》、カモシカなどあらゆる動物の毛が使われてきた。動物の毛で筆に使わないのは唯一、人毛だけで、人間の毛は墨をはじいてなじみにくく不適といわれる。現在では、馬の毛を芯にして周囲に柔らかい羊毛を巻いた筆が主流である。また細字用には、毛が硬くて鋭いイタチの毛の筆が、筆先も鋭く適している。

ところで「毛」は細く分かれた毛を描いた象形文字である。尾という字にも見られるように、獣の尾の形ともいわれ、また鳥の羽毛を象《かたど》ったともいわれる。東洋では獣の毛が筆の素材になったが、面白いことに西洋では鳥の毛の方が筆記具になった。ペンは葦や羽毛の軸先を尖らせて作ったものだが、近代に至って鋼鉄製に変わり、日本に伝わったのは明治に入ってからだった。

それから百数十年、相変わらず毛を使っている筆や、鋼鉄製に変わったペンのほかに鉛筆、万年筆、ボールペン、さらにはパソコンまで加わったが、恐らくパソコンを除き現在最も使われているのはボールペンではないだろうか。

ペンや、その延長線上にある万年筆が、日本では思いのほか使われないのは、筆記具としての構造にあるに違いない。先が二つに割れたペンは縦の線を書くのに適している。鉛筆では直線が引きにくいが、ペンなら簡単にまっすぐな縦の線を引くことができる。ところが横に線を引こうとすると、ペンは大変書きにくいのである。これはペンが縦画主体のアルファベットを書くために工夫された筆記具だからだと思う。

アルファベットとは反対に漢字は七割ほどが横画でできている。したがってペンや万年筆では書きにくい文字なのである。それでもいちいち墨を付けねばならず、慣れないと筆遣いも思うようにならない毛筆よりは使いやすいから一時期は普及したが、縦横自在にかけるボールペンが出現するや、あっという間に筆記具の王座を奪われてしまった。

それでは鉛筆や万年筆、ボールペンに取って代わられた毛筆は、そんなに不便な筆記具なのかというと、決してそうではない。第一に縦にも横にも、直線も曲線も自由に書けるのは、転折《てんせつ》が自在な毛筆だけである。第二に太くは大書に耐え細くは毛筋一本まで、さらに筆跡の一方の端は直線、反対側は曲線にと、毛筆には表現できない線はない。そのうえ筆記具の中で最も力を入れずに書け、軟らかくて紙を傷つけないのもまた、毛筆ならではである。

西洋では絵を描く筆と文字を書くペンを早くから使い分けてきたが、中国や日本では文字も絵も筆一本で書き表してきた。一種類だけに用途に従って太い筆、細い筆、硬い毛、軟らかい毛と、弘法大師も筆を選んだに違いない。ボールペンが便利なことはいうまでもないが、ときには毛筆の筆触と、三千年余もスタイルを変えずに生き続けた有能性を楽しんでみてはいかがだろう。

論

美にも論理がある

デパートの展覧会というのは、どうして、あれほど人気があるものか。特に印象派や著名な日本画家の作品展となると、まるでバーゲンセールの会場のようで、背伸びをしても肝心の絵が見えないこともあるくらいである。

人気の理由の一つは、わかりやすく、人気の高い具象画を中心に展覧会を開くからではないだろうか。それが証拠に現代絵画、それも抽象画となると入場者の姿はぐっと減るし、書道展に至っては、ただでも見に来てくれる人は少ない。

絵や書の鑑賞に、こうでなければならないというルールはない。構図がいい、色づかいが素敵、何となく好き、でも一向に差し支えはない。しかし、絵画にせよ書にせよ、その作品の価値を本当に理解しようとなると、ただ漫然と眺めるだけでは無理である。鑑賞する側もきちんと勉強していないと、作品の真価は伝わってこない。

新聞や雑誌の展覧会評に、時折「気韻生動《きいんせいどう》」という言葉を見受けることがある。生き生きと気品が感じられるといった意味合いだが、今でも芸術作品を評価する表現として使われているこの言葉は、千五百年ほども昔、中国南北朝時代の斉の画家、謝赫《しゃかく》という人が書き残したものなのである。

謝赫の生没年、経歴などは不明だが、肖像画が得意で一度会えば髪の毛一筋違えずに描いたと伝えられている。彼が書いた『古画品録』は、当時の画家二十七人を六段階に分類して批評した現存する最古の中国画論だが、その序文で絵を評価する基準として三法六義（六法とも）を挙げており、その初めが気韻生動なのである。

絵や書の制作、鑑賞の基準として長く伝えられたものだから、ご参考までに簡単に三法六義を紹介しよう。その第一は既に挙げたとおり「気韻生動」。山は山、水は水のようにきちんと描かれた造形が、上品なたたずまいを見せて感動を誘い、息づかいが聞こえるような躍動感を持っているということである。「気韻生動」を備えた作品なら、時代を超えて見る者に迫ってくる。

二番目は「骨法用筆」。肉の中に骨があるように、描いた作品が骨格、論理を持ち、筆づかいに心の動きを感じさせなければならない。

以上が初法で、三番目からが中法。「応物象形」はいわば写実的表現だが、描いたものが鑑賞者の心に反射して、追体験させることである。ピカソは角だけを描いて牛を表現したが、あるべきものを消し去ってなお形を伝えられる表現力の持ち主なのだろう。

四番目は「随類賦彩《ずいるいふさい》」。色彩論であり、森羅万象あらゆる対象に応じて、無数の色づかいをする。墨の色でも濃淡二色ではなく、何百ものグラデーションがあり、それを表現し、見分けなければならない。

五番目からは三法で、構図についての「経営位置」。経営というと現在では専ら企業経営を意味するが、「經」は機にかけた縦糸のことであり、「營」は住居をつくることである。したがって経営の本来の意味は家や都市を造るときに、土地を測量して基礎を定めることであり、この場合は絵や書の構図を決める際に、配置に気を配り、安定した見飽きない位置に定めることになる。

最後は「伝移模写」。古くから教え、教えられ、伝わってきたものを、ひたすらまねて体得し、また伝えていく。模写に始まり模写に終わるというが、真の創造に近づくためには心を込めた徹底した模写しかないと考える。

以上が三法六義だが、そこに現れているのは明確な美の論理である。美的感覚という言葉があるが、優れた作品には感覚だけではなくきちんとした論理がある。「論」という字は中に「冊」が入っている。古くは「冊」と書き、いくつもの木の札を革で編んだ形であり、文書・典籍、今でいえば本を意味している。一方「理」は玉へんで、玉の筋目を表し、ひいては道筋、ことわりの意味だという。

つまり論理とは多くの本を読み、それが自分の底力となって、ものごとの筋目が見えてくることと理解できる。それは感覚とは違った確かなものである。

三法六義のような論理に従って創作しなければならないのはもちろんだが、その作品に感動するためにもまた、論理が必要なのである。いわば感動にも訓練が必要といえようか。

書を勉強し始めたばかりの間は、他の会派の作品展を見てはいけないといわれる。自分の中にきちんとした物差しができぬうちに、異なった書体を見て悪影響を受けないようにとの配慮である。基本をきちんと身に付け、論理に感動できるようになって初めて、さまざまな作品を比較することが可能になるのである。

印

明朝体も及ばぬ美しい書を

印刷術の発明といえば、ドイツのグーテンベルクの名を思い出す人が多い。十五世紀半ば、鉛活字を鋳造し、プレス印刷機を考案した。現在につながる活版印刷術の発明家である。

しかし印刷の「印」の字でわかるように、最古の印刷技術は印、はんこから始まった。洋の東西を問わずはんこの使用例は古く、中国でも封印や官職名を彫った印が使われていた。「印」という字は「爪」と「卩」（ふしづくり・わりふ）を合わせた文字で、権力者が割り符を手にすることから、権威の象徴である国璽《こくじ》や御璽《ぎょじ》を表し、やがて一般のはんこの意味になった。福岡県志賀島から出土した「漢委奴国王《かんのわのなのこくおう》」の金印は、漢代の官職印の一例である。

はんこの後、拓本のような印刷技術が開発され、やがて木版印刷術につながっていった。漢字は中国人の偉大な発明だが、紙と印刷術もまた中国で生まれ、ヨーロッパに伝わり、グーテンベルクによって活版印刷に発展させられたのである。

印刷術が普及するまで文書や経典、本などは筆写で複製しており、写字生、写経司など、いわば書道の専門職が存在した。印刷術の目的は筆写の労力を省くことだったから、グーテンベルクが作った初期の活字も、当時の筆写の専門家が書いた字体をまねたものだったという。その後、欧文活字も漢字やかなの活字も、読みやすく美しいものを目指して改良が重ねられ、現在使われている明朝、ゴシックなどの書体が生み出されたのである。

この本の活字をよく見ていただきたい。明の時代から使われ、現在の日本でも新聞や本の印刷などで最も一般的な活字として利用されている明朝体という書体である。縦線が横線の倍も太いのでメリハリがあり、文字の縦横の比がほぼ同じだから縦書きでも横書きでも使える。完成度の高い、美しい活字だからこそ、現在まで飽きられずに使われているのだろう。

現在の明朝体活字は十八世紀初めの清朝で刊行された『康熙字典』の書体に基づいている。約四万七千の漢字を集めた字書で、その文字を写したのだから美しいことはいうまでもない。

注目してほしいのは、例えば「印」の字の左側の横棒二本。右端が三角になっているのがわかる。印刷の世界では「うろこ」と呼ぶそうだが、書で横棒を書く際の終筆や、横から縦に転折するときの「墨溜まり」を活字に写したのである。縦棒の頂上部分も右下がりに斜めになっており、書の起筆の特徴を伝えていることがわかるだろう。また卩の左に撥ねた形など書道の終筆そのままである。

こうして活字は手書き文字から離れずに、より美しく見やすい書体を目指している。印刷活字と書とは、同じ文字をどう表現するかを競う姉妹のような関係なのだが、活字がどれほど見事な書体を開発しても、なお書に及ばない点がある。

活字は、例えてみれば普遍的な美しさを目指す整形美人とでもいおうか。まねるのは文字の外形だけであり、線を太くしたり細くしたりして、見た目の美しさ、つまり読みやすさを追求する。これに対して書道では、古今を代表する美人、例えば王羲之《おうぎし》の書を目標として、外形はもとより王羲之が文字に込めた心までも写し取ろうとする。したがって活字の一点一画を凝視しても、文字の形と意味以外は何も見えてこないが、書の毛筋を目で追えば自ずと書いた人の心持ちを読みとることができる。

そういってもわかりにくければ、手紙を例に挙げよう。最近はパソコンで打った手紙や年賀状をいただくことも多い。パソコンには明朝、ゴシックを始め、新しい書体の文字も用意されているから、手紙にはさまざまな書体のきれいな文字がきちんと並び、大変読みやすい。一方、毛筆をはじめ万年筆、ボールペンなどで書いた手書きの手紙は、書いた人の癖もあって、読みやすさではパソコンにはかなわないかもしれない。

それでも、どうだろう。たとえ活字のように整った文字でなくても、肉筆には差出人の個性や書いたときの心理状態まで表れて、パソコンの手紙よりずっと温かいものを感じるのではないだろうか。

肉筆の書に心が表れるというのは、そういうことである。だからといって、書を学ぶ私たちの書く文字が、明朝体活字より美しくなくてもいいというわけでは、もちろんない。楷書の活字としては明朝に勝るものはないが、「活字以下の書はいらない」というのが、書を学ぶ者の基本姿勢である。活字では味わえない心のこもった美しい書を、多くの人に味わってもらいたい。

あとがき

空気と水の存在が人間の生命を維持する必須条件であるならば、文字の発明は人間がより人間らしく生きるための必須条件であったのではないだろうか。人間は空気と水と文字なしには生きていかれない。

文字と人間とのかかわりは古く、歴史的にみると、たくさんの言語や文字が発生しては国や時代とともに比較的短期間で消滅したり、大きく変化してきたことがわかる。文字の長い変遷のなかで、ひとり漢字のみが生き長らえているのはなぜであろうか。それは、漢字が表意文字であるという強みを持ち、長い間に書体が変わっても、本質的な意味は変わらなかったからである。

それゆえに中国では、何千年も以前の詩や文献を現代でも同じように読むことができ、中国人に自国の古典的教養を根付かせることになった。しかし翻って日本では残念なことに、近年、漢字を難しいからという理由で省画したり、変化させて意味をこわし、その上使用を制限しながら今日に至っている。「意味を持つこと」が漢字の命であるならば、省画は手をもぎ、足をもぎ、寿命を縮めることにならないだろうか。

漢字は今もって「漢字」というように、黄河文明伝来の外国文字なのである。これは中国と日本の置かれた地理的状況による運命的な出合いであったが、その後日本では漢字を利用して「かな」という自国文字を創作した。日本人は千年以上にわたり、「外国文字＝漢字」と「自国文字＝かな」の二種類を使いこなして表記してきた、世界でも希有で優秀な民族といえる。その日本人の優秀性をもって漢字の正しい姿を知れば、必ずやもとに戻すべきだということに気付いてくれることと信じている。すでに現在では、研究者でなければ古典籍が読めず、わずか百年あまり前の小説ですら、原文のままでは読みこなせないという危機的状況が進行している。まことに読み書きは永遠のものであってほしいと願う。

「字書きは文字学者でなければならない」という師匠・岡村天溪の教えのもとに漢字学習にたずさわってきたが、漢字には何千年と受け継がれてきた人類の知恵が秘められており、その力と尊さを日々実感している。せめて字書きとして書作品は正字でなければ成り立たないという良識のもとに責任を全うすべきであると考えている。

この度、皆様の後押しにより、毎日新聞社から『文字に聞く』を出版させていただくことになった。新世紀の節目に望外の幸運と心より感謝している。

本書を広く皆様がお読み下さって、今や生活に密着した文字の楽しさを再発見する一助にしていただければ幸いである。

二〇〇一年四月

南　鶴溪

文庫版あとがき

『文字に聞く』が毎日新聞社様から出版されて以来、はや二十年余り。この間に文字、書の環境はスマホ、インターネットなどに大きく転換されたことを思わずにはいられません。それにも拘らず、皆様の深いご理解を得られて今般文庫版として改めて世に出ることになり、感謝に堪えません。

株式会社草思社代表取締役社長・久保田創様はじめ関係の皆様に心より御礼を申し上げます。

鳴鶴流祖師・日下部鳴鶴が「書家は文字学者でなければならない」とし、第二代御手洗南溪は「書は正字でなければ成り立たない」との意思を示し、日本国紙幣や国債など国家の重要な仕事にも「正字で書くのでなければ引き受けない」との見識を貫きました。また第三代岡村天溪は「文字なければ人生なし。文字は哲学である」と一刻の休みもなく唯書道に邁進し、天溪会書体を完成させました。

わたくしはこの三代にわたる師匠の研鑽の結果である鳴鶴流天溪会書体をもって、今後も「文字そのものに聞く」ことで字書きの精神を全うしたいと願っています。

かにかくに　生きのいのちの絶ゆるまで
月々日々にまた文字に聞く

二〇二三年六月

南　鶴溪

＊本書は、二〇〇一年に毎日新聞社より刊行された著作を文庫化したものです。

草思社文庫

文字に聞く

2023年6月8日　第１刷発行

著　者　南 鶴溪

発行者　碇 高明

発行所　株式会社 草思社

〒160-0022　東京都新宿区新宿1-10-1

電話　03(4580)7680(編集)

03(4580)7676(営業)

http://www.soshisha.com/

本文組版　有限会社 一企画

本文印刷　株式会社 三陽社

付物印刷　株式会社 暁印刷

製 本 所　大口製本印刷 株式会社

本体表紙デザイン　間村俊一

ISBN978-4-7942-2658-7　Printed in Japan

草思社文庫既刊

円満字二郎
雨かんむり漢字読本

零はなぜ0なのか——雨かんむりの漢字群は、漢字の成り立ちを知るには格好である。「霙」「霜」「雷」から「霹靂」や「霍乱」まで、さまざまなエピソードから解き明かす無類に面白い漢字エッセイ。

井上孝夫
その日本語、ヨロシイですか？
楽しい校閲教室

おもむきは「趣」？「趣き」？「手練れの職人」「チゲーよ！」って表現ＯＫ？漢字やルビ、成句から、旧仮名・翻訳・死語の世界まで、練達の校閲者が鮮やかに解説。日本語クイズも満載の楽しい本。

神永曉
微妙におかしな日本語
ことばの結びつきの正解・不正解

満面の笑顔、汚名挽回、相性が合う、暇にまかす…どこがおかしい？　本当におかしい!?　『日本国語大辞典』元編集長で辞書一筋40年の著者が、日本語コロケーション（ことばの結びつき）の盲点を解説！

草思社文庫既刊

齋藤 孝
声に出して読みたい日本語 ①②③

黙読するのではなく覚えて声に出す心地よさ。日本語のもつ豊かさ美しさを身体をもって知ることのできる名文の暗誦テキスト。日本語ブームを起こし、国語教育の現場を変えたミリオンセラー。

齋藤 孝
声に出して読みたい論語

「論語を声に出して読む習慣は、心を研ぐ砥石を手に入れたということだ。孔子の身と心のあり方を、自分の柱にできれば、不安や不満を掃除できる」(本文より)日本人の精神を養ってきた論語を現代に。

齋藤 孝
声に出して読みたい親鸞

なぜ「南無阿弥陀仏」を唱えるだけでいいのか。『歎異抄』『教行信証』『和讃』などから代表的な一〇〇の言葉を選び、朗読用に大活字、総ルビで組んだ本。親鸞の真髄は声に出してこそ心に響いてくる。

草思社文庫既刊

齋藤 孝
声に出して読みたい禅の言葉

達磨、臨済、道元から、芭蕉、武蔵などの禅的言葉まで、先達の言葉を通して禅の心に触れる。日本文化に息づく禅の精髄を平易な言葉で解明。禅とは心に風を吹かせて軽やかに生きる日本人の知恵である。

齋藤 孝
声に出して読みたい旧約聖書〈文語訳〉

「創世記」「アダムとエバ」「ノアの箱舟」「モーセの十戒」など、苦難を乗り越えて生きたユダヤ民族の二千数百年間の興亡の歴史を描いた旧約聖書。その内容、叙述、詩文を格調高い文語訳で味わう本。

齋藤 孝
声に出して読みたい新約聖書〈文語訳〉

「人の生くるはパンのみによるにあらず」「求めよ、さらば与えられん」…イエスの言葉は時代を超えて人の心をとらえる。格調高い文語訳でその真髄を味わう。西洋文明の背後にある伝統も理解できる。

草思社文庫既刊

夏目漱石の人生を切り拓く言葉

齋藤 孝

「牛のように進め」「真面目とは真剣勝負のことだ」など、若き弟子たちに多くの意を尽くした励ましの言葉を贈った漱石の現代にも通用する人生の教え。**『夏目漱石の人生論 牛のようにずんずん進め』改題**

世界の見方が変わる50の概念

齋藤 孝

「パノプティコン」「ブリコラージュ」「身体知」「ノマド」など、著者が自分でもよく使う哲学用語、専門用語、いわゆる「概念」を分かりやすく解説、人生や社会の中でどう生かすかを教えてくれる。

教師という接客業

齋藤 浩

いびつな「顧客志向」が学校を駄目にする！ 現役の公立小学校教諭が接客業化によって機能不全に陥りかけている学校の現状を綴る。サービス業化が進む教育現場からの勇気ある問題提起の書。

草思社文庫既刊

柳川範之
東大教授が教える独学勉強法

いきなり勉強してはいけない。まずは、正しい「学び方」を身につけてから。高校へ行かず、通信制大学から東大教授になった著者が、自らの体験に基づき、本当に必要な学び方を体系的にレクチャーする。

柳川範之
東大教授が教える知的に考える練習

まず頭の中に「考える土台」をつくり、考える「クセ」をつけること。独学で東大教授への道を切り拓いた著者が、情報の収集・整理の仕方から豊かな発想の生み出し方まで、「思考」の全プロセスを伝授！

小川和人
41歳の東大生

郵便配達員として働きながら、6年がかりで東大に合格。妻子あり、仕事ありの中年男性が挑んだ前代未聞の「学び直し」大学生活を綴った奇跡の実話！

草思社・文芸社W出版賞 金賞受賞作品

草思社文庫既刊

中村喜春
いきな言葉　野暮な言葉

やらずの雨、とつおいつ、色消し、下駄をあずける――花柳界や歌舞伎に伝わる言葉、江戸言葉160語を収録。響きのいい言葉に洒脱で気風のいい江戸っ子の心意気が浮かび上がってくる日本語お手本帳。

中村喜春
ころし文句　わかれ言葉

男と女はもちろん親子、友人の間柄だって相手をホロリとさせたり、気持ちよくさせる言葉は大切。喜春姐さんが艶っぽい「ころし文句」、切ない「わかれ言葉」を披露。知っておきたい粋な言葉の使い方。

石山茂利夫
裏読み深読み国語辞書

「辞書に間違いはない」「どの辞書も内容は同じ」と思ったら、大間違い。慣れ親しんだ国語辞書を読み比べると、日本語の意外な素顔が見えてくる。日本語に関心のある人なら必ず楽しめる一冊。